Lecture
rapide

Catalogage avant publication de Bibliothèque
et Archives nationales du Québec et Bibliothèque
et Archives Canada

Comtois, René-Louis
    Lecture rapide
    2e édition
    (Collection Guides pratiques)
    Publ. antérieurement sous le titre : Lecture rapide
et stratégique. c2005.
    ISBN 978-2-7640-1634-3
    1. Lecture rapide. I. Titre. II. Titre : Lecture rapide
et stratégique. III. Collection : Collection Guides pratiques
(Montréal, Québec).
LB1050.54.C65 2010   448.4'32   C2010-941096-3

Dépôt légal : 2010
Bibliothèque et Archives nationales du Québec

Pour en savoir davantage sur nos publications,
visitez notre site : www.quebecoreditions.com

Éditeur : Jacques Simard
Conception de la couverture : Bernard Langlois
Illustration de la couverture : Veer
Infographie : Claude Bergeron

Imprimé au Canada

DISTRIBUTEURS EXCLUSIFS :

• Pour le Canada et les États-Unis :
MESSAGERIES ADP*
2315, rue de la Province
Longueuil, Québec J4G 1G4
Tél. : (450) 640-1237
Télécopieur : (450) 674-6237
* une division du Groupe Sogides inc.,
filiale du Groupe Livre Quebecor Média inc.

• Pour la France et les autres pays :
INTERFORUM editis
Immeuble Paryseine, 3, Allée de la Seine
94854 Ivry CEDEX
Tél. : 33 (0) 4 49 59 11 56/91
Télécopieur : 33 (0) 1 49 59 11 33
Service commande France
Métropolitaine
Tél. : 33 (0) 2 38 32 71 00
Télécopieur : 33 (0) 2 38 32 71 28
Internet : www.interforum.fr
Service commandes Export –
DOM-TOM
Télécopieur : 33 (0) 2 38 32 78 86
Internet : www.interforum.fr
Courriel : cdes-export@interforum.fr

• Pour la Suisse :
INTERFORUM editis SUISSE
Case postale 69 – CH 1701 Fribourg –
Suisse
Tél. : 41 (0) 26 460 80 60
Télécopieur : 41 (0) 26 460 80 68
Internet : www.interforumsuisse.ch
Courriel : office@interforumsuisse.ch
Distributeur : OLF S.A.
ZI. 3, Corminboeuf
Case postale 1061 – CH 1701 Fribourg –
Suisse
Commandes : Tél. : 41 (0) 26 467 53 33
Télécopieur : 41 (0) 26 467 54 66
Internet : www.olf.ch
Courriel : information@olf.ch

• Pour la Belgique et le Luxembourg :
INTERFORUM BENELUX S.A.
Fond Jean-Pâques, 6
B-1348 Louvain-La-Neuve
Tél. : 00 32 10 42 03 20
Télécopieur : 00 32 10 41 20 24

Gouvernement du Québec – Programme de crédit d'impôt pour l'édition
de livres – Gestion SODEC.

L'Éditeur bénéficie du soutien de la Société de développement des entre-
prises culturelles du Québec pour son programme d'édition.

Nous reconnaissons l'aide financière du gouvernement du Canada par
l'entremise du Fonds du livre du Canada pour nos activités d'édition.

René-Louis Comtois

Lecture rapide

Mythes et réalité

2e édition

LES ÉDITIONS
Quebecor
Une compagnie de Quebecor Media

Remerciements

J'aimerais remercier tout particulièrement Steeve Harris, qui a accepté de partager avec moi ses connaissances lorsque j'ai commencé à enseigner la lecture rapide, Louise Laurent, une collaboratrice de longue date, dont le soutien, les recherches et la participation à la rédaction de ce manuscrit m'ont permis de mener à bien cette entreprise, et, enfin, tous les participants à mes formations qui m'ont nourri de leurs réflexions et de leurs expériences pendant mes années d'enseignement.

Mot de l'auteur*

Le sous-titre de cet ouvrage sur la lecture rapide a peut-être attiré votre attention : pourquoi *Mythes et réalité* ? Parce que la lecture rapide est la cible de nombreux préjugés dont certains, il faut bien l'admettre, sont fondés. En effet, on associe souvent la lecture rapide à un type de lecture « extrême » qui permettrait au lecteur de dépasser le mur du son. On n'a qu'à songer à la fameuse boutade de Woody Allen : « J'ai suivi un cours de lecture rapide et j'ai pu lire *Guerre et paix* en vingt minutes. C'est simple : ça parle de la Russie. »

Il est vrai que certains lecteurs peuvent atteindre des vitesses remarquables, 1000 mots/minute, 2000 même. Mais il s'agit d'un petit nombre, et mon but n'est pas de vous conduire à ces sommets ni de vous promettre quoi que ce soit en ce sens. D'ailleurs, si je vous le proposais, vous vous y objecteriez probablement en me disant qu'à cette vitesse, il ne reste plus rien du plaisir de lire.

Rassurez-vous, je suis un passionné de lecture et je ne sacrifierais jamais ce plaisir pour le simple fait de battre des records de vitesse. Des objectifs de 1500 à 2500 mots/minute sont, pour moi, irréalistes et pratiquement inaccessibles. Je suis persuadé,

---

* La forme masculine a été utilisée dans le seul but d'alléger le texte et ne se veut nullement discriminatoire.

par contre, qu'on lit généralement à une vitesse bien inférieure à celle qu'on pourrait normalement atteindre. Lire 400 mots/minute – au lieu de 200 mots, vitesse moyenne chez la plupart des gens – est une compétence à la portée de tous. À cette vitesse, on ne sacrifie pas le plaisir de lire, on l'augmente.

Être un lecteur compétent n'est pas un luxe mais une nécessité dans le monde où nous vivons. Songez simplement qu'on reçoit, de nos jours, autant d'informations en quelques mois qu'un homme en recevait durant toute une vie jusqu'aux années 1950. En apprenant des techniques de lecture simples et efficaces (techniques qu'on devrait simplement avoir apprises plus tôt dans la vie), on peut lire rapidement, sans perdre le sens ni la saveur d'un texte.

Depuis le premier moment où je me suis intéressé à la lecture rapide, ma démarche a été orientée par mon goût de la lecture ; les méthodes que je vous propose ici se basent sur les expériences que j'ai faites à la fois comme formateur et lecteur. Je les ai pratiquées, enseignées, validées, jusqu'à ce que je sois certain qu'elles sont applicables et atteignables par tous. Ce livre se veut donc une approche tangible et pragmatique de la lecture.

Par contre, en décidant d'écrire ce livre, je faisais face à un défi de taille : comment remplacer ce *coach* que je me dois d'être quand je donne des formations ? Qui allait jouer mon rôle ? Non pas que les exercices d'entraînement soient d'une grande complexité : ils sont, au contraire, d'une grande simplicité. On serait porté à croire que l'étudiant pourra facilement les faire seul. Toutefois, la simplicité peut devenir un obstacle car elle porte à douter de la validité des méthodes proposées. Ça semble trop simple pour être vrai ! Il faut donc faire un acte de foi et persévérer, et on le fait généralement parce qu'on a confiance en la personne qui se trouve devant nous et qui nous guide. Or, je ne serai pas là.

La simplicité n'est malheureusement pas le seul obstacle. Ce qui est généralement le plus difficile pour les participants, c'est d'accepter de faire certains exercices qui leur semblent complètement dépourvus de sens. C'est le cas, notamment, avec les exercices destinés à développer les capacités de l'œil. Lorsque vous ferez ces exercices, votre œil devra parcourir les lignes d'une page à une autre à très grande vitesse, et le sens du texte vous échappera entièrement. Quel que soit le groupe auquel j'enseigne, je fais toujours face à beaucoup de résistance à ce moment-là, et je dois, encore une fois, insister et demander aux participants de suivre simplement mes directives. Ces résistances diminuent très rapidement puisqu'au bout d'une heure, ceux-ci peuvent déjà noter les progrès qu'ils ont faits. Sans un *coach*, toutefois, plusieurs auraient déjà renoncé.

Il me fallait donc trouver un « remplaçant » pour donner ce rythme que j'impose au départ: ce sera le métronome. C'est lui que vous devrez suivre pendant vos apprentissages en songeant que je suis toujours là, derrière chaque ligne, et que je vous encourage à persévérer.

D'ailleurs, j'ai tenu à inclure dans ce livre non seulement des techniques de lecture rapide, mais aussi tous les concepts qui se rattachent de près ou de loin à la question. Vous pouvez donc entreprendre la lecture soit pour développer vos habiletés de lecteur, soit par intérêt personnel. J'expliquerai en effet, tout au long des chapitres, les origines de la lecture rapide, les différentes approches, les bases de mon enseignement et les objectifs à atteindre, le fonctionnement de l'œil, du cerveau et de la mémoire. Je vous parlerai aussi des contraintes qu'impose à notre œil notre mode de vie et je vous indiquerai comment on peut prendre davantage soin de cet outil si précieux en lecture. Mon livre est donc une réflexion sur des thèmes qui me fascinent, des questions fondamentales dont les réponses, jamais complètes, ne cessent de meubler nos pensées.

Jusqu'à présent, j'avais une bonne expérience de la lecture, mais c'est ma première expérience en écriture. Maintenant que les dernières lignes de mon premier livre sont écrites, je dois avouer que j'ai beaucoup aimé cette expérience. L'exercice m'a permis de mieux articuler ma pensée et d'approfondir un sujet qui me tient à cœur. Je me suis rappelé un commentaire de l'écrivaine Amélie Nothomb qui disait à peu près ceci: on n'écrit pas seulement pour transmettre, on écrit aussi pour découvrir. Il me reste à vous souhaiter que la lecture de cet ouvrage soit aussi enrichissante pour vous que son écriture l'a été pour moi!

Avant-propos

Ce dont vous aurez besoin

Quand j'enseigne la lecture rapide, j'apporte avec moi tout ce dont les participants auront besoin pour s'entraîner: des livres, des autocollants, un chronomètre et un métronome. Si vous entreprenez la lecture de ce livre pour parfaire vos habiletés, vous devrez vous procurer certains outils d'apprentissage. Les voici:

- **Un chronomètre:** il vous permettra de mesurer votre temps de lecture;

- **Un métronome:** cet accessoire est très important, car c'est lui qui me remplacera. Vous devrez donc lire au rythme de ses battements. Cette stimulation extérieure viendra remplacer les incitations verbales que je donne à mes participants lors des cours, afin d'imposer un certain rythme. C'est, je crois, la meilleure façon de continuer à vous guider, sans être présent;

- **De trois à cinq romans:** choisissez de trois à cinq romans contenant approximativement 200 mots par page, d'une longueur de 150 à 200 pages chacun. (Pour le calcul des mots, rendez-vous à la page 22.) Certains livres de poche conviennent bien dans ce cas. Prenez-en un ou deux que vous avez déjà lus, et trois ou quatre que vous n'avez jamais lus. En voici un exemple:

Ernest Hemingway, *Le vieil homme et la mer*, Paris, Éditions Gallimard, coll. Folio, 1952, 149 pages ;

- **Un cahier :** vous y noterez vos réponses aux différents exercices que je vous proposerai.

Le temps requis pour faire ce cours

Le cours de lecture rapide que je donne dure sept heures intensives qui me permettent de couvrir entièrement la matière. Les participants n'ont pas à lire de théorie, puisque je leur fournis les informations de vive voix. Votre démarche sera différente puisque vous travaillerez seul. Vous devrez lire ce livre et faire les exercices qui y sont proposés.

Selon mon expérience, vous pouvez remplacer cette journée intensive par des sessions de quinze à trente minutes par jour, cinq jours par semaine, pendant cinq semaines. Si vous ajoutez à cela le temps nécessaire pour la lecture de ce livre, il ne vous faudra qu'un mois et demi de pratique pour maîtriser les techniques proposées. Vos efforts porteront davantage leurs fruits si vous vous entraînez régulièrement. Vous pourriez, par exemple, consacrer à cet apprentissage une demi-heure tous les soirs de la semaine, pendant cinq à six semaines. La constance jouera en votre faveur.

À quelle vitesse lisez-vous ?

Avant d'entrer dans le vif du sujet, vous désirez certainement savoir à quelle vitesse vous lisez. Il s'agit d'une préoccupation bien normale : quelle que soit l'habileté qu'on veut développer, il faut savoir d'où on part. Le test de vitesse de lecture qui suit vous permettra de répondre à cette question. Il s'agit d'un court extrait d'un roman de Léon Tolstoï contenant exactement 841 mots.

On ne peut pas évaluer arbitrairement sa vitesse de lecture : il faut la mesurer. Vous aurez donc besoin de chronométrer votre temps de lecture. Le chronomètre vous donnera la mesure exacte de votre vitesse de départ. Après la lecture de cet extrait, vous devrez répondre à dix questions, *sans revenir au texte*. Vos résultats vous permettront d'évaluer votre niveau de compréhension.

Je vous recommande de lire comme vous le faites normalement, sans essayer de dépasser votre vitesse habituelle ni de lire lentement pour tout retenir. Vous aurez ainsi une meilleure idée de vos capacités actuelles et vous pourrez ainsi mieux fixer les objectifs que vous voulez atteindre.

Test de vitesse de départ :

La cupidité, de Léon Tolstoï

Partez votre chronomètre dès que vous commencez à lire, et arrêtez-le dès que vous avez terminé. Inscrivez votre vitesse de lecture dans votre cahier, puis répondez aux questions de compréhension.

Paholk, un agriculteur russe, avait ouï dire que les Bachkirs, habitants de la lointaine Bachkirie, n'attachaient aucune valeur à la terre et il avait donc décidé d'aller tenter sa chance auprès d'eux.

Après un périple de plusieurs semaines, Paholk parvint au principal hameau de Bachkirie et s'entretint avec le chef des Bachkirs, personnage corpulent et jovial si jamais il en fut, quoique très manifestement barbare.

— Choisissez la parcelle de terrain qui vous plaît, lui répondit indifféremment le chef, il vous en coûtera mille roubles.

— Pour combien de terre? de demander Paholk.

— Peu importe la superficie, le prix ne change pas, fut la réponse.

Il fut finalement entendu que l'objet de la transaction serait la superficie de terre que Paholk serait capable de délimiter à pied en une journée, du lever au coucher du soleil.

À intervalles fixes, il devrait creuser un trou à la bêche en guise de repère. Les Bachkirs suivraient à la charrue la ligne ainsi tracée jusqu'à ce que le terrain soit clairement délimité.

— Cependant, le prévint le chef, vous devez regagner votre point de départ avant que le soleil ne se couche, sinon vous perdrez et l'argent, et la terre.

Paholk convint du marché. Il s'en fut donc à l'aube, sous les yeux des Bachkirs qui s'étaient réunis avec leur chef pour assister à son départ. Un long cri s'éleva de la foule lorsqu'il partit, bêche au poing. L'air était frais et Paholk, bien reposé après une longue nuit de sommeil, progressait rapidement. Il parcourut pratiquement cinq kilomètres avant de s'arrêter pour souffler. À ce moment, le soleil était déjà haut dans le ciel et lui chauffait le dos. Il but de sa gourde avant de reprendre son chemin.

Arrivé midi, il savait que le moment était venu de songer au retour. Il devait prendre garde de ne pas tracer un cercle trop vaste. Cependant, plus il avançait, plus la terre était riche. Ici courait un ruisseau qu'il voudrait inclure dans sa propriété, là se trouvait une dépression humide propice à la culture du lin.

À un moment, alors que le soleil se faisait de plus en plus pesant et que baissait le niveau de sa gourde, Paholk songea qu'il devrait couper en biais pour piquer vers la foule qu'il devinait au faîte d'une butte. Mais le périmètre de son terrain serait alors inégal. Il renonça donc à cette idée et entreprit plutôt de réunir les forces nécessaires pour terminer le cercle qu'il avait commencé. Alors seulement, il serait plus riche qu'il n'avait jamais osé l'espérer.

Il prit enfin le chemin du retour, mais sa progression se faisait de plus en plus lente. Il soufflait dur maintenant, et avait à peine la force de creuser les repères. Son cœur battait la chamade, sa langue lui emplissait la bouche et ses os étaient endoloris jusqu'à la moelle.

Il n'osait plus s'arrêter pour se reposer. D'une façon ou d'une autre, il trouvait la force de continuer.

Les Bachkirs assemblés, qui l'attendaient avec force cris d'encouragement et signes de la main, lui apparaissaient maintenant clairement. Toutefois, le soleil était bas et déclinait rapidement à l'horizon. Il rassembla ses dernières forces et courut quelques centaines de mètres avant de s'écrouler, incapable de se relever.

Il avait surestimé sa force. Combien il regrettait maintenant de n'avoir pas laissé de côté la riche vallée fertile et le massif d'arbres, de n'avoir pas coupé au travers de la dépression humide. Il y avait laissé et sa terre, et son argent.

Tant bien que mal, il se remit debout et reprit son chemin. La sueur lui brûlait les yeux. Il faisait de plus en plus sombre. Il tomba de nouveau et se traîna à quatre pattes. Les Bachkirs n'étaient plus qu'à quelques centaines de mètres. Il entendait leurs encouragements et voyait leurs visages animés.

Il était trop tard. Le soleil avait disparu. Il avait perdu.

Pourquoi alors les Bachkirs s'obstinaient-ils à lui faire des signes et à l'appeler? Puis, d'un seul coup, il comprit. Lui se trouvait dans un creux, mais eux étaient sur une butte et voyaient encore le soleil. Il lui restait donc quelques instants.

Il franchit les derniers mètres qui le séparaient de son point de départ avec l'énergie du désespoir, plongea dans la foule et s'affala de tout son long, nez contre terre.

— Ah! s'exclama le chef d'un ton empli d'admiration. Voilà un homme fort et décidé. Il s'est mérité une belle parcelle de terrain.

Paholk ne se relevait pas. Les Bachkirs le retournèrent et virent que ses yeux étaient grands ouverts et son regard, fixe. Paholk était mort.

Des murmures désolés circulèrent dans la foule. Les Bachkirs creusèrent une tombe pour Paholk. Elle mesurait moins de deux mètres de long, de l'emplacement de la tête aux talons.

Après tout, de combien de terre un seul homme a-t-il réellement besoin?

Inscrivez votre temps de lecture dans votre cahier. Évaluez maintenant votre compréhension du texte en répondant aux questions suivantes, sans revenir au texte. Notez
vos réponses dans votre cahier.

1. Quelle particularité des Bachkirs Paholk a-t-il aimée?

2. Quel prix fut établi pour le terrain?

3. De quelle façon Paholk a-t-il mesuré le terrain?

4. Quelle condition avait-il à remplir?

5. Les Bachkirs ont découragé Paholk dans sa démarche. Vrai
   ou faux?

6. Plus Paholk avançait, plus la terre était pauvre. Vrai ou faux?

7. Avant d'arriver au but, Paholk crut avoir failli à deux occasions. Lesquelles?

8. Quel commentaire lança le chef au sujet de Paholk quand
   celui-ci eut atteint son but?

9. Paholk a gagné son terrain, mais à quel prix?

10. Combien de terrain Paholk utilisa-t-il finalement?

Pour vérifier vos réponses, servez-vous du corrigé à la
page 221. Accordez-vous 10 points par bonne réponse.

Maintenant, calculez votre vitesse de lecture en procédant de
la façon suivante:

1. Convertissez vos secondes en décimales. Pour ce faire, divisez le nombre de secondes par 60 et ajoutez ce résultat à votre
   nombre de minutes. Si vous avez lu le texte en 2 minutes et
   54 secondes, vous aurez:

   $2 + (54 \div 60) = 2,9$

2. Divisez maintenant le nombre de mots contenus dans le texte, soit 841, par le nombre de minutes et de secondes (converties en décimales) que cette lecture vous a demandé.

$841 \div 2,9 = 290$ mots/minute

Maintenant, inscrivez dans votre cahier votre vitesse de départ et votre niveau de compréhension dans votre cahier. Pour valider votre calcul, reportez-vous au tableau qui suit ; c'est le seul que je vous donnerai. Il vous faudra donc bien maîtriser cette méthode de calcul si vous voulez évaluer votre vitesse de lecture tout au long de votre apprentissage. Vous trouverez, à la suite de ce tableau, la méthode de calcul des mots et celle de calcul de vitesse expliquées en détail.

Exercice: *La cupidité,* de Léon Tolstoï

Nombre de mots: 841

Temps		Mots/ minute	Temps		Mots/ minute	Temps		Mots/ minute
02:00	2,00	421	02:33	2,55	330	03:06	3,10	271
02:01	2,02	417	02:34	2,57	328	03:07	3,12	270
02:02	2,03	414	02:35	2,58	326	03:08	3,13	268
02:03	2,05	410	02:36	2,60	323	03:09	3,15	267
02:04	2,07	407	02:37	2,62	321	03:10	3,17	266
02:05	2,08	404	02:38	2,63	319	03:11	3,18	264
02:06	2,10	400	02:39	2,65	317	03:12	3,20	263
02:07	2,12	397	02:40	2,67	315	03:13	3,22	261
02:08	2,13	394	02:41	2,68	313	03:14	3,23	260
02:09	2,15	391	02:42	2,70	311	03:15	3,25	259
02:10	2,17	388	02:43	2,72	310	03:16	3,27	257
02:11	2,18	385	02:44	2,73	308	03:17	3,28	256
02:12	2,20	382	02:45	2,75	306	03:18	3,30	255
02:13	2,22	379	02:46	2,77	304	03:19	3,32	254
02:14	2,23	377	02:47	2,78	302	03:20	3,33	252
02:15	2,25	374	02:48	2,80	300	03:21	3,35	251
02:16	2,27	371	02:49	2,82	299	03:22	3,37	250
02:17	2,28	368	02:50	2,83	297	03:23	3,38	249
02:18	2,30	366	02:51	2,85	295	03:24	3,40	247
02:19	2,32	363	02:52	2,87	293	03:25	3,42	246
02:20	2,33	360	02:53	2,88	292	03:26	3,43	245
02:21	2,35	358	02:54	2,90	290	03:27	3,45	244
02:22	2,37	355	02:55	2,92	288	03:28	3,47	243
02:23	2,38	353	02:56	2,93	287	03:29	3,48	241
02:24	2,40	350	02:57	2,95	285	03:30	3,50	240
02:25	2,42	348	02:58	2,97	283	03:31	3,52	239
02:26	2,43	346	02:59	2,98	282	03:32	3,53	238
02:27	2,45	343	03:00	3,00	280	03:33	3,55	237
02:28	2,47	341	03:01	3,02	279	03:34	3,57	236
02:29	2,48	339	03:02	3,03	277	03:35	3,58	235
02:30	2,50	336	03:03	3,05	276	03:36	3,60	234
02:31	2,52	334	03:04	3,07	274	03:37	3,62	233
02:32	2,53	332	03:05	3,08	273	03:38	3,63	231

Temps		Mots/ minute	Temps		Mots/ minute	Temps		Mots/ minute
03:39	3,65	230	04:15	4,25	198	04:51	4,85	173
03:40	3,67	229	04:16	4,27	197	04:52	4,87	173
03:41	3,68	228	04:17	4,28	196	04:53	4,88	172
03:42	3,70	227	04:18	4,30	196	04:54	4,90	172
03:43	3,72	226	04:19	4,32	195	04:55	4,92	171
03:44	3,73	225	04:20	4,33	194	04:56	4,93	170
03:45	3,75	224	04:21	4,35	193	04:57	4,95	170
03:46	3,77	223	04:22	4,37	193	04:58	4,97	169
03:47	3,78	222	04:23	4,38	192	04:59	4,98	169
03:48	3,80	221	04:24	4,40	191	05:00	5,00	168
03:49	3,82	220	04:25	4,42	190	05:01	5,02	168
03:50	3,83	219	04:26	4,43	190	05:02	5,03	167
03:51	3,85	218	04:27	4,45	189	05:03	5,05	167
03:52	3,87	218	04:28	4,47	188	05:04	5,07	166
03:53	3,88	217	04:29	4,48	188	05:05	5,08	165
03:54	3,90	216	04:30	4,50	187	05:06	5,10	165
03:55	3,92	215	04:31	4,52	186	05:07	5,12	164
03:56	3,93	214	04:32	4,53	186	05:08	5,13	164
03:57	3,95	213	04:33	4,55	185	05:09	5,15	163
03:58	3,97	212	04:34	4,57	184	05:10	5,17	163
03:59	3,98	211	04:35	4,58	183	05:11	5,18	162
04:00	4,00	210	04:36	4,60	183	05:12	5,20	162
04:01	4,02	209	04:37	4,62	182	05:13	5,22	161
04:02	4,03	209	04:38	4,63	182	05:14	5,23	161
04:03	4,05	208	04:39	4,65	181	05:15	5,25	160
04:04	4,07	207	04:40	4,67	180	05:16	5,27	160
04:05	4,08	206	04:41	4,68	180	05:17	5,28	159
04:06	4,10	205	04:42	4,70	179	05:18	5,30	159
04:07	4,12	204	04:43	4,72	178	05:19	5,32	158
04:08	4,13	203	04:44	4,73	178	05:20	5,33	158
04:09	4,15	203	04:45	4,75	177	05:21	5,35	157
04:10	4,17	202	04:46	4,77	176	05:22	5,37	157
04:11	4,18	201	04:47	4,78	176	05:23	5,38	156
04:12	4,20	200	04:48	4,80	175	05:24	5,40	156
04:13	4,22	199	04:49	4,82	175	05:25	5,42	155
04:14	4,23	199	04:50	4,83	174	05:26	5,43	155

Temps		Mots/minute	Temps		Mots/minute	Temps		Mots/minute
05:27	5,45	154	05:58	5,97	141	06:29	6,48	130
05:28	5,47	154	05:59	5,98	141	06:30	6,50	129
05:29	5,48	153	06:00	6,00	140	06:31	6,52	129
05:30	5,50	153	06:01	6,02	140	06:32	6,53	129
05:31	5,52	152	06:02	6,03	139	06:33	6,55	128
05:32	5,53	152	06:03	6,05	139	06:34	6,57	128
05:33	5,55	152	06:04	6,07	139	06:35	6,58	128
05:34	5,57	151	06:05	6,08	138	06:36	6,60	127
05:35	5,58	151	06:06	6,10	138	06:37	6,62	127
05:36	5,60	150	06:07	6,12	137	06:38	6,63	127
05:37	5,62	150	06:08	6,13	137	06:39	6,65	126
05:38	5,63	149	06:09	6,15	137	06:40	6,67	126
05:39	5,65	149	06:10	6,17	136	06:41	6,68	126
05:40	5,67	148	06:11	6,18	136	06:42	6,70	126
05:41	5,68	148	06:12	6,20	136	06:43	6,72	125
05:42	5,70	148	06:13	6,22	135	06:44	6,73	125
05:43	5,72	147	06:14	6,23	135	06:45	6,75	125
05:44	5,73	147	06:15	6,25	135	06:46	6,77	124
05:45	5,75	146	06:16	6,27	134	06:47	6,78	124
05:46	5,77	146	06:17	6,28	134	06:48	6,80	124
05:47	5,78	145	06:18	6,30	133	06:49	6,82	123
05:48	5,80	145	06:19	6,32	133	06:50	6,83	123
05:49	5,82	145	06:20	6,33	133	06:51	6,85	123
05:50	5,83	144	06:21	6,35	132	06:52	6,87	122
05:51	5,85	144	06:22	6,37	132	06:53	6,88	122
05:52	5,87	143	06:23	6,38	132	06:54	6,90	122
05:53	5,88	143	06:24	6,40	131	06:55	6,92	122
05:54	5,90	143	06:25	6,42	131	06:56	6,93	121
05:55	5,92	142	06:26	6,43	131	06:57	6,95	121
05:56	5,93	142	06:27	6,45	130	06:58	6,97	121
05:57	5,95	141	06:28	6,47	130	06:59	6,98	120

Méthode de calcul du nombre de mots par page

Lorsqu'il s'agit de textes courts, il faut compter tous les mots. Pour les textes longs, vous pouvez facilement calculer le nombre de mots par page en appliquant la méthode de calcul suivante :

1. Comptez le nombre de mots qu'il y a dans trois lignes entières.

   Note : Chaque mot compte pour 1, que ce soit un mot long ou un mot court, car ils ont tous la même valeur. Vous devez donc aussi compter les articles et les déterminants, y compris ceux en apostrophe, comme *l'* ou *d'*. Dans l'exemple suivant, vous auriez sept mots : *L'homme entra d'un pas lourd.*

2. Faites la moyenne en divisant ce total par 3 pour trouver le nombre moyen de mots par ligne.

   Note : S'il s'agit d'un texte long, refaites le même calcul à deux ou trois endroits différents dans le texte.

3. Comptez le nombre de lignes dans une page complète (lignes/page).

4. Multipliez le nombre de mots par ligne (mots/ligne) par le nombre de lignes par page (lignes/page).

5. Soustrayez de 10 % à 15 % de ce total pour les espaces blancs.

   Note : Certaines écoles recommandent de compter le nombre de signes contenus dans un texte (le nombre de lettres) et de calculer la vitesse de lecture en signes lus par heure ou par minute. Cette méthode me semble plus laborieuse et je préfère, pour ma part, calculer la vitesse de lecture en nombre de mots lus par minute.

Avec cette méthode de calcul, il faut pondérer les résultats atteints. En effet, dans les romans policiers, les textes contenant des instructions générales, les articles des quotidiens, les mots sont généralement simples et courts. On pourra donc les lire plus rapidement que certains écrits, comme les textes philosophiques ou les essais politiques, qui contiennent souvent des mots longs et compliqués et des tournures de phrases complexes. Dans ce cas, la vitesse de lecture sera moins grande.

Méthode de calcul de la vitesse de lecture

1. Comptez le nombre de mots dans un texte en suivant la méthode de calcul donnée précédemment.

2. Notez le temps que la lecture de ce texte vous a demandé. Convertissez vos secondes en décimales en divisant le nombre de secondes par 60, puis ajoutez ce résultat à votre nombre de minutes.

3. Divisez le nombre de mots contenus dans le texte par ce résultat. Par exemple, le texte *La cupidité*, de Léon Tolstoï, contient 841 mots. Si vous l'avez lu en 3 minutes et 22 secondes, le calcul sera le suivant :

   a) $3 + (22 \div 60) = 3{,}37$

   b) $841 \div 3{,}37 = 250$ mots/minute.

   Ce résultat donne votre vitesse de lecture.

Définissez votre objectif

Maintenant que vous connaissez vos résultats, vous pouvez décider de l'objectif que vous voulez atteindre. Pour ce faire, vous avez besoin de savoir ce qui est possible, faisable. Pour vous aider à vous situer par rapport aux vitesses de lecture généralement observées chez les lecteurs francophones[1], reportez-vous au tableau suivant.

---

1. Les vitesses de lecture varient d'une langue à l'autre. Pour les textes écrits en anglais, par exemple, la vitesse moyenne de lecture se situe autour de 250 mots/minute pour un lecteur anglophone.

Lecteurs	Mots/minute
Lents	100 - 150
Moyens	200 - 300
Compétents (2 % des lecteurs)	400 et plus
Très performants	600 - 800
Exceptionnels	1 000 et plus

Comme vous le voyez, seul un nombre infime de lecteurs parviennent à dépasser 1000 mots/minute. Cet objectif est-il facilement atteignable? De prime abord, disons que je ne suis pas d'accord avec les publicités qui le promettent. Avant d'enseigner, j'ai suivi plusieurs formations en lecture rapide. J'aime lire depuis toujours, et je me considère comme un lecteur assidu (je lis, en moyenne, 50 livres par année, en plus de mes lectures de travail). C'était donc naturel que je cherche à devenir un lecteur rapide. Chaque fois qu'on me faisait miroiter ces possibilités inouïes – plus de 1000 mots/minute, j'y croyais. Et chaque fois, j'étais déçu. Certaines personnes atteignent ces sommets, il est vrai. Mais c'est un petit nombre, et elles doivent avant tout leur succès à des dispositions naturelles exceptionnelles. Des données de cet ordre ne font qu'entretenir de vains espoirs et alimenter les mythes sur la lecture rapide.

Les techniques de lecture rapide auxquelles je crois ne visent pas à faire de vous des lecteurs «extrêmes». Par contre, je suis persuadé que tout le monde peut lire à une vitesse de 400 mots/minute et plus, alors que seulement 2 % des lecteurs y parviennent, comme l'indique le tableau précédent. Cette vitesse de lecture est pourtant facilement atteignable, puisqu'elle correspond à la limite de la subvocalisation – une forme de prononciation mentale des mots que j'associe à la vitesse de la pensée rationnelle. À cette vitesse, le lecteur entend mentalement les mots qu'il lit. On reviendra plus en détail sur ces points au cours des prochains chapitres.

Mon expérience de formateur me permet de dire que tout le monde peut atteindre les limites de la subvocalisation et lire à une vitesse de 400 mots/minute. Parmi eux, ceux ayant des aptitudes marquées réussiront facilement à atteindre de 600 à 800 mots/minute. Je lis moi-même depuis longtemps à plus de 400 mots/minute. Le titre de «lecteur compétent» ne devrait donc pas être réservé à seulement 2 % de la population. Vous pouvez viser cet objectif d'une façon très réaliste et très rapidement atteignable.

Introduction

Ce que vous trouverez dans ce livre

Lorsque j'ai accepté de prolonger mon enseignement en publiant ce livre, mon désir était de mettre la lecture rapide à la portée de tous. Les techniques proposées sont simples mais extrêmement efficaces, et ont fait leurs preuves. Je vous suggère également, d'entrée de jeu, des objectifs réalistes et des limites de vitesse atteignables par tous.

En même temps, je désirais présenter les connaissances qui sous-tendent ma démarche. Quand on s'engage dans un processus d'apprentissage, il est bon de connaître les principes sur lesquels s'appuie une théorie. Ces notions ne sont pas essentielles au développement de vos habiletés en lecture, mais elles vous permettront de comprendre l'évolution des méthodes d'apprentissage de la lecture, de découvrir les possibilités que renferment le cerveau, l'œil et la mémoire, et de passer d'un simple apprentissage mécanique à une appropriation réelle du savoir.

Le livre est divisé en quatre parties. La première partie traite des **mécanismes qui sous-tendent la lecture**. Nous verrons les rôles de l'œil et du cerveau, les effets de la lecture lente et les lacunes de l'enseignement traditionnel de la lecture. Puis, nous parlerons des antécédents de la lecture rapide, des différentes écoles de pensée et de notre approche de la lecture.

Dans la deuxième partie, nous aborderons les **techniques de lecture rapide** et nous vous donnerons un programme d'entraînement de cinq semaines pour développer vos compétences. Puis, nous parlerons du lien entre l'œil et le cerveau à partir des observations du docteur William Bates et nous vous suggérerons quelques exercices pour les yeux, basés sur les théories de cet ophtalmologue et sur le témoignage d'Aldous Huxley.

Dans la troisième partie, nous aborderons les **stratégies de lecture active**, comme le repérage, l'écrémage et le survol, et nous verrons comment il est possible de mieux gérer l'information écrite.

La quatrième partie traite essentiellement du **fonctionnement de la mémoire** en lien avec la lecture et de la différence entre l'attention et la concentration. Ce chapitre se termine avec des techniques de prise de notes.

Chacune de ces parties est divisée en chapitres. À la fin de chaque chapitre, un résumé vous permet de voir, en un coup d'œil, les principaux points qui ont été abordés. Nous vous invitons à lire d'abord la table des matières afin de vous familiariser avec le contenu, puis de feuilleter le livre pour qu'il devienne un territoire connu.

À la fin de certains chapitres, vous trouverez des **tests de vitesse de lecture**. Ceux-ci vous permettront de vérifier vos compétences en matière de vitesse. Mais lire sans comprendre ne serait pas d'une grande utilité. C'est pourquoi les exercices sont accompagnés d'un questionnaire portant sur le contenu du texte, ce qui vous permettra de vérifier également votre niveau de compréhension. Vous trouverez, à la fin de cet ouvrage, une série de tests de vitesse de lecture que vous pourrez utiliser régulièrement pour mesurer vos progrès.

Comment éviter les pièges les plus courants?

Lorsqu'un violoniste donne un coup d'archet produisant un son d'une grande beauté, lorsqu'un golfeur professionnel exécute un coup parfait, il s'en dégage une impression de très grande facilité. Pourtant, il n'en est rien. Derrière ces apparences, il y a la qualité de l'enseignement théorique qui nous fait connaître, en détail, tous les points techniques et les petits gestes qui conduisent à la maîtrise d'un art ou d'un sport. Il y a aussi l'enseignement pratique et, dans tous les cas, beaucoup d'heures d'entraînement.

Il en va de même en lecture rapide. Un bon enseignement permet de découvrir ce qu'il y a derrière la maîtrise de la lecture et quels sont les gestes qu'il faut faire pour l'atteindre. Un bon enseignement simplifie les choses et les rend compréhensibles, accessibles. Mais il faut aussi y mettre du temps et accepter de pratiquer. Comme vous serez seul avec ce livre, il m'a donc semblé important de vous donner quelques conseils qui vous aideront à éviter les pièges les plus courants.

Acceptez de changer

Il se peut qu'au début, la tentation d'abandonner soit très forte. L'apprentissage de nouvelles méthodes provoque souvent un sentiment d'inconfort et d'insatisfaction. Il est alors tentant de retourner à ses bonnes vieilles habitudes. Pour réussir, il faut accepter de changer et résister à la tentation de tout laisser tomber.

Cent fois sur le métier...

Pour atteindre un certain niveau de compétence, il faut pratiquer assidûment les mêmes gestes. Les musiciens jouent des gammes pendant des heures, les golfeurs passent des journées à s'exercer. La répétition joue un rôle important dans votre démarche.

Persévérez

Si vous vous entraîniez au tir à l'arc, par exemple, vous n'atteindriez probablement pas la cible à la première tentative. Mais vous ne vous laisseriez sûrement pas décourager pour autant, car vous savez que vous allez réussir un jour. Ce n'est qu'une question de pratique.

Il en va de même pour la lecture rapide. La première fois que vous essaierez de lire plus rapidement, vous manquerez sans doute la cible. Essayez encore et vous réussirez. D'après mon expérience, la plupart des gens parviennent à augmenter de façon significative leur vitesse de lecture en une journée de cours. En suivant les étapes décrites dans ce livre, il vous suffira de consacrer de cinq à six semaines de votre temps, à raison de quinze à trente minutes par jour, pour parvenir à un résultat aussi satisfaisant.

Engagez-vous

S'engager, c'est le premier pas vers la réussite. Vous devez donc mettre cet apprentissage en priorité et y accorder du temps. Si le temps que demande la pratique des exercices vous semble long, pensez au nombre d'heures que vous devez consacrer chaque semaine à la lecture de textes, de documents, de courriels, de mémos, de lettres, de publicité, de journaux, de magazines, et vous verrez qu'en devenant un lecteur performant, vous regagnerez rapidement les heures investies dans vos apprentissages. La maîtrise de la lecture contribue substantiellement à une saine gestion du temps.

Amusez-vous

Pour augmenter vos chances de succès, essayez de rendre les exercices agréables. Et souvenez-vous que c'est à vous seul que vous vous mesurez. Vous êtes le seul coureur. Alors, détendez-vous!

Les conditions favorables à la lecture

Pour réussir à lire rapidement, il faut mettre toutes les chances de votre côté. Si vous êtes distrait, préoccupé, si vous n'êtes pas à l'aise, si vos yeux sont fatigués, vous ne réussirez pas à atteindre votre vitesse maximale. Voici donc les conditions à réunir pour favoriser vos lectures.

La bonne attitude

Réservez un temps précis pour faire vos lectures, durant lequel vous ne ferez rien d'autre. La lecture est une activité qui demande de la concentration. Plus vous respecterez ce temps consacré à la lecture, plus vous en tirerez profit.

La bonne posture

Pour lire rapidement, il faut être à l'aise. S'asseoir confortablement à une table reste la meilleure façon de lire et d'exécuter les exercices que je vous proposerai.

Quand on lit, le corps est bien souvent absent du processus; seuls l'œil et le cerveau sont actifs. Cette immobilité, cette passivité du corps, favorise la rêverie, parfois même la somnolence. Les techniques de lecture rapide que j'enseigne sollicitent davantage la participation du corps. En choisissant une bonne posture et en pratiquant ces exercices, vous observerez une amélioration importante de votre niveau de concentration.

1re partie

Chapitre 1

Comment lisons-nous?

Pour comprendre les fondements de la lecture rapide, il faut savoir quels sont les principes sur lesquels elle s'appuie et quelles sont les conceptions de la lecture qu'elle cherche à contrer ou à corriger. Pour aborder ces questions, il sera tout d'abord question des rôles de l'œil et du cerveau.

L'œil et le cerveau

Pour lire, nous avons besoin de nos yeux et de notre cerveau. L'œil voit les signes (les mots, les lettres) et transmet ces informations visuelles au cerveau. Celui-ci décode alors les informations qu'il reçoit et leur attribue un sens. Ces deux organes sont d'une merveilleuse puissance et d'une incroyable complexité.

Chaque œil contient 130 millions de récepteurs optiques; ses capacités sont donc très grandes. On peut le constater en voyant avec quelle facilité il parvient à distinguer des mots très semblables extérieurement, comme *amande* et *amende*. Un œil entraîné fera, en un centième de seconde, la distinction entre ces deux mots!

Le cerveau, quant à lui, possède un immense réseau de plusieurs centaines de milliards de cellules nerveuses appelées neurones. Chacune de ces cellules peut former, à elle seule, 10 000 connexions.

Ce réseau de communication extrêmement sophistiqué permet au cerveau de traiter un nombre infini de données.

On peut s'arrêter quelques instants pour souligner les capacités exceptionnelles du cerveau qui, en lisant une simple phrase, peut tout à la fois :

- reconnaître la structure grammaticale de cette phrase ;
- relever une faute d'orthographe ;
- trouver le sens d'un mot inconnu à partir du contexte ;
- comprendre le sens du message ;
- faire des liens avec des connaissances antérieures ;
- apprécier le style de l'auteur.

Ce n'est pas l'œil qui lit, il n'est qu'un transmetteur d'informations visuelles. L'action de lire, c'est-à-dire d'attribuer un sens à ces informations, c'est le cerveau qui la fait. La lecture est donc le résultat d'une coordination exceptionnelle entre l'œil et le cerveau. Voici maintenant comment s'opère le parcours de l'œil du lecteur.

Le parcours de l'œil du lecteur

On a longtemps cru que l'œil du lecteur avançait de façon continue le long de la ligne d'un texte. Mais les observations faites pour la première fois par un ophtalmologiste français, le docteur Émile Javal[2], ont permis de constater que l'œil d'un lecteur procède plutôt par bonds, par saccades. Pendant la lecture, il saute d'un mot à l'autre ou d'un groupe de mots à l'autre, il fait des bonds vers la droite et vers la gauche, il va vers l'avant et fait des retours en arrière. Il balaye ainsi l'espace visuel jusqu'à ce qu'il se concentre sur un point et s'immobilise.

---

2. Émile Javal, *Physiologie de la lecture et de l'écriture*, Paris, Éditions Retz, 1978. La première édition date de 1905.

Ce n'est qu'au moment où il se pose sur un mot que l'œil saisit et s'approprie ce qu'il voit, car celui-ci ne peut voir que s'il s'immobilise. Émile Javal a appelé ces points de chute, ces moments d'immobilité, des points de fixation.

Lorsque l'œil se fixe sur un point, notre vision de ce point, notre vision centrale, est très claire. L'œil continue cependant de détecter les mouvements et les contours des personnes et des objets environnants, quoique moins clairement : c'est ce qu'on appelle la vision périphérique. L'œil peut ainsi nous prévenir des dangers imminents, même lorsque notre regard se porte sur un point précis. Quand vous êtes au volant de votre voiture, par exemple, votre vision centrale est dirigée vers la route, alors que votre vision périphérique vous permet de voir les voitures en mouvement sur la route. La vision centrale et la vision périphérique constituent le champ visuel de l'œil. Ces préliminaires vont nous permettre de mieux décrire le processus de lecture.

Le processus de lecture

Pendant que nous lisons, notre œil est constamment en mouvement. Il se déplace par bonds, balayant le texte dans un champ de vision périphérique d'à peu près 20 mots. On est alors au stade de la présélection. L'œil attend de recevoir le signal du cerveau qui lui indiquera à peu près ce qu'il veut voir. Ce court instant prépare l'œil à l'étape suivante : la sélection. L'œil s'immobilise alors et fixe le mot.

On pourrait comparer ce travail à la pratique du jeu de dards. Lorsqu'il se prépare à lancer sa fléchette, le joueur regarde d'abord toute la cible. Puis, il concentre son regard vers le centre qu'il fixe attentivement pendant quelques instants, pour pouvoir diriger le mouvement de sa main et envoyer le dard au centre de la cible.

L'œil a, au départ, une vision approximative de l'endroit exact où se trouve le mot à sélectionner. Pendant une fraction de seconde, il le cherche, allant vers l'avant et faisant des retours en arrière. Ensuite, il réduit son champ de vision périphérique et s'immobilise. Il capte alors l'information visuelle et l'envoie immédiatement au cerveau. C'est à ce moment que celui-ci entre vraiment en action.

Dès qu'il reçoit cette image visuelle, le cerveau la décode pour lui attribuer un sens en prononçant le mot mentalement, en subvocalisant. Si votre œil voit, par exemple, l'ensemble de lettres suivantes : c h a i s e et transmet cette image à votre cerveau, vous penserez à l'idée de chaise et vous l'entendrez mentalement. La lecture d'un mot demande trois opérations : la sélection, la fixation et la subvocalisation.

Grâce aux recherches sur les mécanismes de la vision, on sait maintenant que l'œil n'utilise que 20 % de ses capacités en vision centrale ; l'autre 80 % est consacré à la vision périphérique. C'est ce qui explique pourquoi notre œil fait si naturellement des retours en arrière et qu'un parcours linéaire, de gauche à droite, de façon continue, lui soit totalement étranger. Ce mouvement de balayage que fait l'œil est naturel, inconscient, comme l'acte de respirer l'est pour nos poumons.

Pendant que le cerveau est occupé à décoder l'information visuelle qu'il vient de recevoir, l'œil reprend son mouvement de balayage périphérique. Lorsque le cerveau lui demande de lui fournir un nouveau mot, il cherche alors très rapidement la place où il était rendu, fait des retours en arrière, jusqu'à ce que le cerveau lui indique, encore une fois, sur quel nouveau mot se fixer. Le même processus recommence chaque fois : sélection – fixation – subvocalisation. Cette façon de lire entrave le processus de lecture de plusieurs façons, et plus encore quand le lecteur lit lentement.

Les effets du parcours naturel de l'œil sur la lecture

Le cerveau doit faire un double travail

Le cerveau doit faire un double travail : indiquer à l'œil où regarder et décoder le sens du mot.

Le champ de vision claire est restreint

Le champ de vision périphérique de l'œil est presque toujours très large, alors que le champ de vision claire est restreint. Pour lire efficacement, il faut nécessairement parvenir à restreindre le champ périphérique de l'œil et à augmenter le champ de vision claire pour qu'il englobe un groupe de mots.

Les mots parviennent trop lentement au cerveau

L'œil du lecteur ne transmet pas suffisamment d'informations visuelles au cerveau (moins de 200 mots/minute). Or, le cerveau est capable de décoder de 400 à 700 mots/minute. Qu'arrive-t-il alors ? Le cerveau comble ce vide en laissant venir à lui d'autres pensées que celles fournies par l'auteur du texte. C'est alors que le lecteur s'évade dans une forme de rêverie. Pas étonnant qu'on puisse lire trois paragraphes d'affilée, sans se souvenir de ce qu'on a lu !

La lecture lente ne favorise en aucun cas la compréhension d'un texte. Ce n'est pas dû à la lenteur du cerveau, mais à la lenteur de l'œil. Pour s'en convaincre, il n'y a qu'à regarder un lecteur en herbe. Bien souvent, il parvient à lire tous les mots d'un texte dès la première année du primaire. Mais en déplaçant lentement son doigt d'un mot à l'autre, il ne réussit généralement pas à comprendre le sens du récit. Ce n'est que plus tard, quand il aura acquis assez de rapidité, qu'il parviendra à capter le sens d'un texte et prendra plaisir à le lire.

La mémoire à long terme est moins sollicitée

On a souvent la conviction que c'est en lisant lentement qu'on va le mieux réussir à retenir les informations contenues dans un texte. Mais c'est toujours l'inverse qui se produit. Plus on lit lentement, moins on retient les informations présentées.

Pour comprendre ce phénomène, il faut savoir comment fonctionne la mémoire. C'est un point qui sera abordé plus en profondeur dans la quatrième partie du livre. Disons brièvement qu'il existe trois niveaux dans le processus de mémorisation :

- la mémoire perceptive (qu'on appelle aussi mémoire sensorielle ou mémoire immédiate) ;
- la mémoire à court terme (qu'on appelle aussi mémoire de travail) ;
- la mémoire à long terme.

Chaque niveau contribue précisément à la rétention de l'information. La mémoire sensorielle analyse les sensations qui parviennent au cerveau. Si votre œil voit un lion, par exemple, les sensations qui parviendront au cerveau différeront si vous êtes seul et face à lui ou si le lion est en cage. Les sensations dont il est question quand on parle de mémoire sensorielle ne sont pas uniquement reliées à la peur. Elles peuvent être activées par tout ce qui touche nos sens : la surprise, la joie, la tristesse, la curiosité, un bruit, une odeur, etc.

Cette première analyse permet à la mémoire sensorielle de décider s'il faut ou non conserver l'information. Si l'information doit être conservée, elle ira immédiatement se placer dans la mémoire à court terme, car l'activité de la mémoire sensorielle est très courte (de l'ordre de quelques secondes). Sinon, elle s'effacera.

Notre mémoire sensorielle nous permet aussi de nous souvenir du début d'une phrase. Mais encore faut-il qu'il y ait une forme de stimulation pour que l'information, captée par la mémoire sensorielle, soit transmise à la mémoire à court terme. Voici un exemple :

Le petit chat de la voisine est…

Si le lecteur met trop de temps à parvenir à la fin de la phrase, l'information ne sera peut-être pas retenue. Il faut nourrir le cerveau, il doit trouver rapidement la réponse à la question que vous vous posez aussi : *Le petit chat est quoi ?*

*Le petit chat de la voisine est **mort**.*

Si le dernier mot est capté rapidement, c'est-à-dire si le lecteur lit à un rythme capable de nourrir le cerveau, et si l'information est importante, celle-ci sera transmise à la mémoire à court terme.

Une fois dans la mémoire à court terme, les informations sont de nouveau analysées et celles jugées importantes iront se loger dans la mémoire à long terme. Les autres seront évacuées, car la mémoire à court terme ne peut garder qu'un nombre limité d'informations.

Lorsqu'un lecteur lit lentement, la mémoire à long terme est très peu sollicitée. Pour retenir le plus d'informations possible, il faut lire d'une façon dynamique pour stimuler, au départ, la mémoire sensorielle.

Un potentiel amputé de moitié

Les effets que nous venons de voir expliquent pourquoi si peu de gens réussissent à atteindre une vitesse de 400 mots/minute, qui, comme je le disais précédemment, est facilement atteignable.

La majorité des gens lisent à environ 200 mots/minute. Où sont les pertes ? Les voici, expliquées en chiffres.

**Vitesse de départ potentielle (vitesse du cerveau) :
400 mots/minute (et plus)**

De ce potentiel, il faut soustraire :

- Pour les régressions et les retours en arrière :   −35 %

- Pour le passage de la fin d'une ligne au début d'une autre : −10 %
  (Il va sans dire que plus les lignes sont larges, plus la perte
  est grande.)

- Pour les problèmes de dyslexie[3] :   −15 %
  La dyslexie est un terme employé pour désigner les
  difficultés qu'éprouvent certains individus à bien différencier
  les lettres de l'alphabet. Ce problème affecte directement
  les compétences en lecture. Selon certaines études, 35 %
  de la population souffrirait de légers problèmes de dyslexie.

Il faut donc soustraire de 45 % à 50 % de notre chiffre de départ, soit
400 mots/minute, ce qui nous donne la vitesse moyenne de lecture de
la majorité des gens : 200 mots/minute.

Les lacunes de l'enseignement traditionnel

Les méthodes traditionnelles d'enseignement de la lecture nous
ont appris à reconnaître les mots dans un texte, sans jamais nous
apprendre à guider le parcours des yeux et à le maîtriser. On
nous enseignait à lire chacun des mots et à les prononcer verbalement. Puis, on nous abandonnait à nos propres ressources, avant
même que commence un réel entraînement à la lecture. Chaque

---

3. Selon Tony Buzan, 80 % des gens ne souffriraient pas de réels problèmes
   de dyslexie, mais auraient tout simplement acquis de mauvaises habitudes
   au moment de leur apprentissage de la lecture. Les problèmes de dyslexie
   pourraient donc être corrigés dans bien des cas. Voir *Lecture rapide*, p. 164
   et suivantes.

lecteur partait dans la vie, équipé d'un mince bagage de connaissances, et devenait un lecteur plus ou moins rapide suivant ses aptitudes et ses goûts. Avant l'avènement des nouvelles approches de lecture, tous les lecteurs rapides étaient des autodidactes.

Pour la plupart des gens, l'expression « lecture rapide » désigne un mode de lecture particulier, différent de la lecture normale. Lire rapidement constituerait un type d'habileté qui relèverait presque de la performance. Cette conception de la lecture rapide correspond très peu, selon moi, à la réalité. Je considère la lecture rapide comme un mode de lecture normal, naturel, qui ne devrait nécessiter aucune appellation spécifique.

Pour moi, apprendre à lire rapidement, c'est simplement compléter son apprentissage de la lecture, la première étape consistant à apprendre à reconnaître les lettres et les mots, et la seconde à apprendre à guider le parcours de l'œil. Lire rapidement est une compétence que nous devrions tous posséder normalement, si l'enseignement de la lecture ne s'était pas arrêté prématurément.

Dans le chapitre qui suit, nous verrons comment sont nées et se sont développées les différentes écoles de pensée en lecture rapide.

Résumé

Les capacités de l'œil sont très grandes. Un œil entraîné fera, en un centième de seconde, la distinction entre deux mots comme *amende* et *amande*.

Les capacités exceptionnelles du cerveau lui permettent de traiter un nombre infini de données.

Ce n'est pas l'œil qui lit : l'œil est un transmetteur d'informations visuelles. L'action de lire, c'est-à-dire de donner du sens à des informations visuelles, est plutôt le fait du cerveau.

Pendant la lecture, le parcours de l'œil n'est pas linéaire. Il fait des bonds vers l'avant et des retours en arrière, jusqu'à ce qu'il se concentre sur un point et s'immobilise. Ce n'est qu'au moment où il se pose sur un mot que l'œil saisit et s'approprie ce qu'il voit. On appelle ces points de chute des points de fixation.

La lecture d'un mot demande trois opérations : la sélection, la fixation et la subvocalisation.

La lecture lente entraîne des effets secondaires néfastes : le cerveau doit faire un double travail, le champ de vision claire est restreint, le cerveau est sous-alimenté et la mémoire à long terme peu sollicitée.

Les méthodes traditionnelles d'enseignement de la lecture nous ont appris à reconnaître les mots dans un texte, mais ne nous ont jamais appris à guider le parcours des yeux.

Chapitre 2

Les différentes approches

Le développement des techniques en lecture rapide coïncide avec le moment où les découvertes sur les capacités de l'œil commencent à être mieux connues. Des observations comme celles de l'ophtalmologiste Émile Javal vont permettre de mieux comprendre le comportement de l'œil du lecteur et de modifier l'approche de la lecture.

La maîtrise des mouvements de l'œil

Plusieurs écoles de pensée vont naître de ce mouvement. La plus connue est sans doute celle de François Richaudeau. La méthode Richaudeau est basée sur la perception instantanée des mots par leur forme, un peu comme s'il s'agissait d'images[4], et sur l'entraînement de l'œil jusqu'à ce qu'il puisse avancer rapidement le long des mots et des phrases d'un texte, en faisant des bonds de plus en plus larges. Les points de fixation sur lesquels s'arrête l'œil du lecteur sont donc plus espacés et contiennent un plus grand nombre de mots.

---

4. François Richaudeau, *Lecture rapide Richaudeau*, Paris, Éditions Retz, p. 53.

Avec cette méthode, le champ de vision claire du lecteur s'élargit : il englobe deux ou plusieurs mots au lieu d'un seul. Le nombre de points de fixation par ligne diminue et il n'y a plus de retours en arrière. Le parcours de l'œil est confié au cerveau. « Ensemble, l'œil et l'esprit volent le long des lignes, saisissant avec agilité les silhouettes familières des mots et des phrases, dans un accord mutuel bien rythmé[5]. »

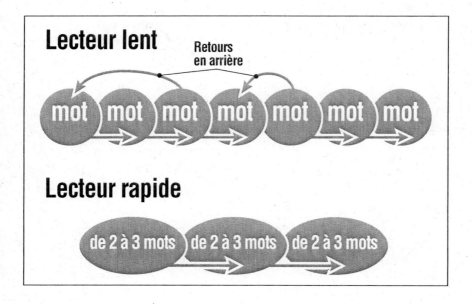

La maîtrise des mouvements de l'œil préconisée par cette école de pensée et toutes celles qui s'en inspirent, favorise grandement la lecture. Mais les techniques pour y parvenir sont généralement plus laborieuses que celles que je mets de l'avant. Elles nécessitent beaucoup d'exercices d'entraînement des yeux et confient toujours au cerveau la double tâche de guider l'œil et de décoder les messages.

---

5. *Idem*, p. 127.

L'influence du tachistoscope

La lecture rapide connaîtra un nouvel engouement, tout à fait par hasard cette fois, pendant la Première Guerre mondiale. L'armée de l'air britannique utilisait alors un tachistoscope pour aider les pilotes à détecter la présence d'avions ennemis dans le ciel en projetant des images, des taches, sur un écran disposé à l'intérieur de la cabine de pilotage. Graduellement, les chercheurs diminuèrent la taille et le temps d'apparition des images, de même que leur angle de prise de vue.

Cette expérience leur permit de constater que l'œil est capable de reconnaître une image (de la grosseur d'une tache) en 1/500 de seconde. Ils tentèrent alors d'appliquer ces mêmes principes à la lecture en se servant de *flash cards*. Un lecteur entraîné parvenait alors à voir, en 1/500 de seconde, quatre mots projetés simultanément sur une carte. Mais ces expériences ne s'avérèrent pas concluantes, car il ne s'agissait pas d'une réelle situation de lecture.

Dans les faits, lorsqu'un lecteur lit, son œil doit se poser sur les mots – les points de fixation – pour en capter l'image et la renvoyer au cerveau. La vitesse de lecture des gens entraînés avec des *flash cards* diminuait sensiblement dès qu'ils retournaient à la lecture normale d'un texte. Mais l'expérience du tachistoscope et des *flash cards* a eu le mérite de mettre en évidence les capacités de l'œil et servira d'inspiration à de nouvelles écoles de pensée en lecture rapide.

La méthode d'Evelyn Wood

Parmi les chefs de file, il faut mentionner Evelyn Wood dont l'influence sera déterminante. L'intérêt de Mme Wood pour la lecture rapide remonte à l'époque où elle était l'élève d'un lecteur émérite, le professeur C. Lowell Lees, qui enseignait à l'université d'Utah et qui avait la réputation de lire à une vitesse dépassant les 2000 mots/minute. Intriguée, Mme Wood commença à l'observer et à noter le comportement d'autres lecteurs très performants.

La légende dit – et une légende est une légende! – qu'elle se serait rendue à la Maison-Blanche pour rencontrer le président des États-Unis de l'époque, John F. Kennedy, qui avait la réputation de lire à plus de 1000 mots/minute. À la question de Mme Wood, «Quelle est votre méthode?», Kennedy aurait répondu: «Je ne sais pas si on peut parler de méthode, je sais seulement que je fais quelque chose qu'on m'a toujours interdit de faire à l'école: je lis avec mon doigt en suivant le texte.»

Mme Wood tenta l'expérience sur de nombreux lecteurs, ce qui lui permit d'en valider l'efficacité. Elle en vint à la conclusion qu'il était nécessaire, voire essentiel, de guider l'œil du lecteur avec le doigt (ou un autre objet) pour augmenter sa vitesse de lecture. Elle fit paraître un premier livre sur l'enseignement de la lecture rapide vers les années 1960 et fonda l'Institut de lecture dynamique Evelyn Wood qui a maintenant des ramifications dans le monde entier.

C'est avec Mme Wood que les plus grands progrès en lecture rapide se sont produits, car sa méthode a le mérite d'alléger la tâche du cerveau. En se servant d'un objet extérieur pour guider l'œil, le cerveau peut alors se consacrer entièrement à sa fonction première: décoder le sens des mots que l'œil lui fournit. Cette technique permet au lecteur d'augmenter rapidement sa vitesse de lecture et d'atteindre, dès les débuts de son entraînement, des résultats plus que satisfaisants. De plus, elle favorise les longues périodes de lecture sans se fatiguer, car elle a un effet reposant sur l'œil.

La technique du guide de l'œil a fait ses preuves, et c'est à cette école de pensée que j'adhère. Là où je diffère d'opinion, c'est sur les possibilités de vitesse de lecture que les lecteurs devraient obligatoirement atteindre. Cette méthode vise, en effet, à faire des lecteurs très performants, capables de dépasser les limites de la subvocalisation et d'atteindre des vitesses de lecture de plus de 1000 mots/minute. Selon moi, cet objectif est quelque peu irréaliste, quand on songe qu'il n'y a probablement que 20 lecteurs dans le monde capables de lire à une vitesse supérieure à 1500 mots/minute.

Les écoles de lecture issues de cette approche ont contribué à la naissance de bien des mythes sur la lecture rapide. Qui n'a pas rêvé de lire à une vitesse de 1500 mots/minute et plus ? Tout ce qui touche aux possibilités de notre cerveau nous fascine et nous « accroche », n'est-ce pas ? J'ai fait ce rêve moi-même, comme je le disais précédemment, et j'étais chaque fois déçu par mon rendement et celui des autres participants. Pourtant, j'étais motivé et je faisais les exercices méticuleusement. Cette recherche aurait pu durer bien des années, si je n'avais pas fait une rencontre déterminante.

L'apport de Steeve Harris

Il y a quelques années, j'ai fait la connaissance de Steeve Harris. Celui-ci vit en Ontario où il enseigne la lecture rapide depuis plus de trente ans. Nos intérêts allaient donc dans le même sens et son approche répondait à mes attentes.

La méthode de Steeve Harris s'inspire des principes définis par Evelyn Wood dont il a gardé l'essentiel : le recours à un objet extérieur (le doigt ou un crayon) pour guider l'œil. Toutefois, sa méthode diffère sensiblement de celle de Mme Wood par sa définition des objectifs de vitesse à atteindre. Son approche n'est pas basée sur la recherche de performances – 1000 mots et plus –, mais sur des mesures précises qui correspondent aux limites de la subvocalisation du cerveau.

Selon Steeve Harris, tous les lecteurs peuvent facilement atteindre les limites de la subvocalisation. Son approche vise simplement à actualiser un potentiel que nous avons tous, celui de lire à une vitesse de 400 à 700 mots/minute ; c'est une conviction que je partage. Plutôt que de chercher à dépasser systématiquement la vitesse de subvocalisation, on devrait tout simplement se donner comme objectif de l'atteindre.

Si vous faites partie des privilégiés ayant des dispositions naturelles exceptionnelles en lecture, mon approche ne vous limitera pas, au contraire. Lorsque je donne des formations, il arrive occasionnellement qu'un participant termine la journée à une vitesse de lecture dépassant les 800 mots/minute, avec d'excellents résultats sur le plan de la compréhension. En somme, cette méthode permet à chacun d'exploiter ses possibilités et d'atteindre son plein potentiel.

La subvocalisation

Pour vous donner une idée plus précise des raisons qui sous-tendent ce raisonnement, il sera brièvement question de la sub-vocalisation, une forme de prononciation mentale des mots. Elle implique que le lecteur est « conscient » des mots qu'il lit, qu'il les entend dans sa tête. Voici les différents niveaux de prononciation en lecture.

1. **L'oralisation.** À ce niveau, la prononciation des mots se fait à haute voix. Le lecteur articule les mots comme s'il parlait à voix basse. Elle lui permet de lire à une vitesse d'environ 100 à 120 mots/minute. (Cette vitesse correspond à la vitesse de la parole. C'était d'ailleurs le barème qui servait autrefois à mesurer la compétence des sténographes, les meilleures étant celles qui pouvaient noter un discours à 120 mots/minute.)

2. **La labialisation.** À ce niveau, le lecteur bouge les lèvres tout en prononçant les mots dans sa tête, mais sans émettre de sons. Elle permet au lecteur de lire à une vitesse d'environ 150 mots/minute.

3. **La subvocalisation lente.** À ce niveau, le lecteur fait vibrer ses cordes vocales à son insu, sans faire bouger les lèvres. C'est ce qu'Élizabeth Rochefort-Agis appelle la vocalisation. Elle permet au lecteur de lire à une vitesse d'environ 200 mots/minute ; c'est la vitesse de lecture de la majorité des lecteurs. On recommande parfois aux personnes qui subvocalisent lentement de lire en tenant un gros crayon entre leurs dents. (Ce conseil ne vaut que pour la période d'entraînement, cela va de soi. Ce n'est pas une habitude à conserver !)

4. **La subvocalisation rapide.** À ce niveau, le message défile et résonne mentalement dans l'esprit du lecteur, qui l'identifie à la compréhension. Elle permet au lecteur de lire à une vitesse d'environ 400 à 700 mots/minute.

Selon moi, lire en subvocalisant correspond à notre façon de penser. Toute forme de décodage, qu'il s'agisse d'un texte ou d'une image, correspond à une forme de langage mental. Le procédé relève de la pensée analytique, celle qui donne un sens aux stimulations visuelles que nous recevons. L'écrit est le reflet de cette pensée analytique.

Lorsqu'on dépasse les limites de la subvocalisation, il n'y a plus de mots prononcés mentalement. Pouvons-nous encore comprendre le message ? Selon les tenants de cette théorie, il nous serait possible de penser non seulement sous forme de mots, mais également sous forme d'images, c'est-à-dire de visualiser immédiatement des images quand nous lisons. De cette façon, nous pourrions éviter de subvocaliser.

Cette hypothèse se vérifie avec peine. À mon avis, la pensée s'exprime en mots, et ceux-ci s'entendent dans la tête. Même lorsque nos yeux voient une image, notre pensée la traduit en mots. De plus, si certains mots peuvent évoquer rapidement une image, comme les mots *chaise* ou *montagne*, d'autres peuvent difficilement être remplacés par une image. Je pense à des mots comme *compréhension*, *facile*, *momentanément*, *liberté*. Comment convertir en image une phrase comme celle-ci : *Le besoin de liberté, au sens général où l'on emploie ce terme, est un besoin fondamental.*

Pour moi, le dépassement de la vitesse de subvocalisation lors de la lecture globale d'un texte appartient davantage aux stratégies de lecture, comme nous le verrons plus loin. S'il est possible de dépasser le seuil de la subvocalisation, il faut alors parler d'anticipation du sens ou encore de lecture par blocs et d'élimination de mots secondaires. Or, ce mode de lecture ne convient pas à tous les types de textes. Il peut servir à l'occasion, pour la lecture de quotidiens, par exemple, ou celle de certains rapports et documents traitant d'un sujet que le lecteur connaît déjà à fond.

La méthode préconisée dans ce livre

La méthode de lecture rapide que j'enseigne reprend le principe du guide de l'œil introduit par Mme Wood et l'objectif des limites de la subvocalisation préconisé par Steeve Harris. Là où elle se différencie, c'est par le recours à des variantes dans l'utilisation du rythmeur, le programme d'entraînement, les exercices pour les yeux, le choix des stratégies de lecture active, la gestion de l'information, l'approche des mécanismes de la mémoire en fonction des besoins du lecteur. Ces éléments ne sont pas nouveaux, mais j'ai simplement tenté d'extraire le meilleur de chacun. C'est donc surtout par la philosophie qui sous-tend ma démarche et par le pragmatisme que je recherche en toute chose, que mon enseignement se distingue.

Résumé

Pour lire rapidement, il faut guider le parcours de l'œil.

Les objectifs de lecture que vous atteindrez se situent entre 400 et 700 mots/minute. Cette vitesse correspond aux limites de la subvocalisation, c'est-à-dire la vitesse du cerveau lorsqu'il décode les informations visuelles que l'œil lui fournit.

La subvocalisation est une forme de prononciation mentale des mots. Elle implique que le lecteur est « conscient » des mots qu'il lit, qu'il les entend dans sa tête.

2e
partie

Chapitre 3

Comment atteindre les limites de la subvocalisation ?

Avec la méthode de lecture plus rapide que je vais maintenant décrire, le lecteur utilise un objet extérieur (main, crayon ou tout autre objet pointu) pour guider le parcours de l'œil. Nous appellerons ce guide un rythmeur, car il donne véritablement un rythme à la lecture et devient alors un stimulus pour l'œil.

Le rythmeur

Vous pouvez vous servir de votre main comme rythmeur, en pointant un doigt (ou deux) vers le texte. Bien des lecteurs très rapides lisent en suivant le texte avec leur doigt ; c'est un geste normal. Après tout, n'est-ce pas ce que vous faites quand vous cherchez une information dans l'annuaire téléphonique ? Mais on se souvient tous du temps où, enfant, on suivait les mots d'un texte avec son doigt, ce qu'on nous interdisait de faire aussitôt qu'on savait bien lire. C'est d'ailleurs ce que disait Kennedy : « Je fais ce qu'on m'a toujours interdit de faire ! »

Vous pouvez aussi vous servir d'un crayon ou d'un objet long et pointu comme rythmeur. Certaines personnes les préfèrent, car elles ont l'impression que le doigt et la main bloquent leur champ de vision et les empêchent de bien voir le texte. Après quelques essais, vous trouverez rapidement quel rythmeur vous convient le mieux.

Quand vous suivez un texte avec un rythmeur, c'est tout votre corps qui participe à l'activité de lecture. C'est ce qui rend cette technique supérieure aux autres qui ne font appel qu'au cerveau pour guider l'œil.

L'utilisation d'un rythmeur réduit le travail que l'œil doit fournir pendant la lecture. Vous éviterez ainsi que vos yeux balayent le texte en périphérie, entre chaque point de fixation. Vous diminuerez, de ce fait, l'arrivée au cerveau de stimuli extérieurs constants. Cette méthode favorise la concentration et vous assure un niveau de compréhension plus élevé, tout en ajoutant de la constance au rythme de votre lecture. Le rythmeur vous permettra d'augmenter substantiellement votre vitesse de lecture par rapport à votre vitesse de pointe habituelle.

L'utilisation d'un rythmeur permet au lecteur d'élargir son champ visuel en vision claire (jusqu'à 25 signes) et de le rétrécir en vision périphérique. L'œil peut alors saisir, à chaque point de fixation, deux ou plusieurs mots au lieu d'un seul. Les yeux se fixent automatiquement et non volontairement; on subvocalise ainsi plus rapidement.

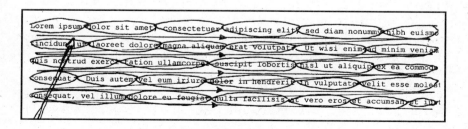

La technique de lecture rapide que je vous propose est très simple. Il faut simplement :

- apprendre à diriger le parcours de nos yeux à l'aide d'un rythmeur afin d'éviter les saccades, les retours en arrière et les va-et-vient de l'œil. Un lecteur le moindrement habile peut facilement lire de deux à trois mots par points de fixation s'il entraîne son œil ;

- augmenter son champ visuel en vision claire (jusqu'à 25 signes) tout en diminuant son champ visuel en vision périphérique ;

- s'exercer jusqu'à atteindre les limites de la subvocalisation qui se situent entre 400 et 700 mots/minute. Tout le monde peut atteindre ces limites et, donc, devenir un lecteur compétent.

La méthode du rythmeur[6]

Utilisez un rythmeur (votre doigt ou un crayon) pour guider vos yeux du premier au dernier mot de chaque ligne.

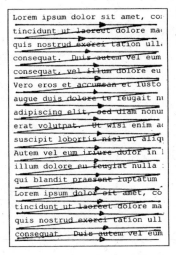

Une ligne à la fois

Vitesse maximale : de 400 à 700 mots/minute

---

6. Steeve Harris a donné à cette technique le nom de « salut royal », probablement en pensant au mouvement régulier de la main que fait la reine lorsqu'elle salue la foule.

Pour vous entraîner, procédez de la façon suivante.

- Suivez le texte ligne par ligne avec un rythmeur (votre doigt ou un crayon).

- Adoptez un rythme constant. Celui-ci peut varier d'une personne à l'autre, mais il doit être constant. Soyez intransigeant sur ce point, il en va de votre réussite ! On a parfois tendance, surtout au début, à ralentir le rythme de lecture. Laissez votre main guider votre œil, et non l'inverse. Maintenez le rythme même si vous devez sacrifier momentanément la compréhension du texte.

- Ne revenez pas en arrière.

- Ne cherchez pas le sens des mots inconnus.

- Entraînez-vous régulièrement pendant les premières semaines, en faisant les exercices suivants.

Votre programme d'entraînement à la lecture rapide

Conseils

- **Pratiquez de façon assidue pendant un peu plus d'un mois.** Accordez-vous un délai de cinq semaines et travaillez de façon assidue de 15 à 30 minutes chaque jour. Pour devenir un lecteur performant, il faut s'entraîner. Aucun art, aucun sport ne peut s'acquérir sans qu'on prenne le temps de s'exercer.

- **Au début, ne favorisez que la vitesse.** Les exercices qui suivent visent à entraîner votre œil. Il s'agit de forcer le rythme et d'inciter l'œil à parcourir de plus en plus rapidement les lignes d'un texte. Il se peut que vous soyez hésitant au départ.

Vous aurez en effet l'impression désagréable de lire sans comprendre.

À cette étape de votre entraînement, sacrifiez la compréhension et ne favorisez que la vitesse. Faites-le comme s'il s'agissait d'un entraînement sportif. Pensez à une personne qui s'entraînerait à jouer au tennis avec un professionnel. Avec lui, elle fera des progrès rapidement. Il va sans dire qu'au début, elle sera incapable d'attraper les balles : elle les manquera toutes. Avec le temps, toutefois, elle finira par en frapper une, puis deux, et deviendra un bon joueur beaucoup plus rapidement que si elle s'était entraînée avec un joueur de sa force. Alors, restez confiant : avec le temps, vous réussirez à «attraper» de plus en plus de mots.

- **Utilisez un métronome.** Comme je vous le disais au début du livre, c'est le métronome qui me remplacera. Les premières fois, vous trouverez peut-être agaçant le son de ces battements. Mais l'habitude aidant, vous devriez vous y faire. Mettez vos réticences de côté et persévérez. Sans ce métronome, vous ne pourrez parvenir à augmenter votre rythme de lecture. Rappelez-vous : ce ne sont pas des exercices de lecture, mais des exercices pour les yeux.

- **Utilisez toujours un rythmeur.** À partir de maintenant, utilisez un rythmeur pour guider le parcours de votre œil chaque fois que vous lisez. Cette pratique ne se limite pas aux heures d'entraînement ; il faut que l'emploi d'un rythmeur devienne un réflexe. Vous devez donc commencer, dès maintenant, à vous servir d'un rythmeur pour faire toutes vos lectures, que ce soit au travail ou dans vos moments de détente. Au début, cette habitude vous semblera peu naturelle. Mais vous vous y ferez et, avec le temps, vous ne pourrez plus vous en passer.

Durant les premières semaines, quand vous lirez au travail, vous déplacerez sans doute votre rythmeur à une vitesse inférieure à celle imposée pendant les exercices. C'est normal, puisque vous n'avez pas encore atteint votre plein potentiel.

Mais au bout d'une semaine seulement, et sans que vous vous en rendiez compte, votre rythme de lecture sera déjà plus rapide. Même si la différence n'est pas notoire, vous lirez plus vite qu'avant d'avoir pris l'habitude d'utiliser un rythmeur. Si vous lisiez à 200 mots/minute, par exemple, vous serez probablement rendu à 260 mots/minute.

Quand je donne des formations, je m'arrête après les premiers exercices pour que les gens mesurent les progrès qu'ils ont déjà faits. Chaque fois, c'est un sujet d'étonnement! Croyez-moi, avec cette méthode, les résultats se feront sentir très rapidement.

Exercices

Les exercices qui suivent visent à habituer l'œil à suivre un rythmeur et à atteindre les limites de la subvocalisation. Suivez simplement les consignes que je vous donnerai. Faites des efforts, mais de façon aussi détendue que possible. Laissez simplement les mots venir à votre rencontre plutôt que de vous lancer à leur poursuite. Se forcer ou se stresser ne sert à rien.

Ces exercices couvrent les cinq premières semaines de votre entraînement; ils contiennent des indications pour chaque jour de la semaine.

Première semaine

Exercices préparatoires

Les exercices que vous ferez durant la première semaine visent à vous entraîner à suivre le rythme imposé par le métronome. Ils ont pour but d'enlever ou, à tout le moins, de diminuer l'inconfort que vous ressentirez sûrement au départ. Vous devez vous habituer à ce rythme ; vous ne pouvez quand même pas mettre votre professeur à la porte !

Choisissez un roman parmi les cinq livres que vous avez mis de côté pour vos exercices et ouvrez-le à la première page.

1er jour

- Placez votre métronome à 60 battements et lisez 10 pages. Suivez les lignes du texte avec votre doigt ou un autre rythmeur, en changeant de ligne *à chaque battement*. Ne vous inquiétez pas si vous ne comprenez pas le sens du texte et ne vous laissez pas arrêter par le côté absurde de l'exercice.

- Puis, placez votre métronome à 90 battements et lisez les 10 pages qui suivent. Suivez les lignes du texte avec votre doigt ou un autre rythmeur, en changeant de ligne à chaque battement.

- Placez enfin votre métronome à 60 battements et lisez les 10 pages suivantes. Suivez les lignes du texte avec votre doigt ou un autre rythmeur, en changeant de ligne à chaque battement. Vous verrez peut-être déjà une différence au niveau de la compréhension du texte.

Avec le même livre, mais en changeant de passage, refaites le même exercice tous les autres jours de la semaine.

Si je vous demandais maintenant: «Avez-vous l'impression d'avoir lu ce livre ? », vous me répondriez probablement: «Non.»

Peut-être avez-vous tout juste remarqué qu'il était écrit en français ! C'est tout à fait normal : vous ne lisiez pas, vous entraîniez vos yeux.

Deuxième semaine

Parmi les livres que vous avez mis de côté pour votre entraînement, choisissez un roman que vous avez déjà lu, d'une longueur de 150 à 200 pages, et contenant à peu près 200 mots par page. Divisez-le en cinq parties égales et placez un trombone ou un autocollant à la fin de chaque section. Si votre roman compte 150 pages, par exemple, vous placerez vos repères toutes les 30 pages. S'il en compte 200, vous placerez votre repère toutes les 40 pages.

1er jour

- Placez votre métronome à 90 battements. Commencez la lecture de la première partie de votre livre et rendez-vous jusqu'à votre premier repère. Suivez les lignes du texte avec votre doigt ou un autre rythmeur, en changeant de ligne à chaque battement.

- Puis, placez votre métronome à 60 battements. Revenez au début du livre et recommencez la lecture des mêmes pages. Suivez les lignes du texte avec votre doigt ou un autre rythmeur, en changeant de ligne à chaque battement.

Refaites le même exercice tous les autres jours de la semaine, en gardant le même livre, mais en lisant le passage suivant, d'un repère à l'autre.

Si je vous demandais, à la fin de cette deuxième semaine, de me parler du livre que vous venez de lire, votre réponse serait sans doute évasive. C'est tout à fait normal, encore une fois. Mais déjà,

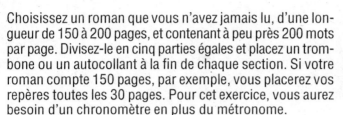

Suggestion

À la fin de cette deuxième semaine, vous pourriez faire l'exercice de lecture 1 présenté à la page 181.

sans le savoir, vous retenez beaucoup plus d'informations que vous ne le faisiez la première semaine.

Troisième semaine

Choisissez un roman que vous n'avez jamais lu, d'une longueur de 150 à 200 pages, et contenant à peu près 200 mots par page. Divisez-le en cinq parties égales et placez un trombone ou un autocollant à la fin de chaque section. Si votre roman compte 150 pages, par exemple, vous placerez vos repères toutes les 30 pages. Pour cet exercice, vous aurez besoin d'un chronomètre en plus du métronome.

1er jour

- Placez votre métronome à 90 battements.

- Lisez les deux premiers tiers d'une section (20 pages pour les livres de 150 pages, 26 pages pour les livres de 200 pages). Suivez les lignes du texte avec votre doigt ou un autre rythmeur, en changeant de ligne à chaque battement.

- Placez votre métronome à 60 battements.

- Relisez le même passage en suivant les lignes du texte avec votre doigt ou un autre rythmeur, en changeant de ligne à chaque battement.

- Fermez le métronome et partez votre chronomètre.

- Lisez les pages qui restent jusqu'au premier repère (10 ou 13 pages) en essayant de garder le même rythme, soit une vitesse d'environ 30 secondes par page.

- À la fin de l'exercice, commencez à vous poser des questions sur le texte que vous venez de lire. Quels sont les personnages principaux ? De quoi est-il question dans l'intrigue ? Où se situe l'action ? Etc. De cette façon, vous passerez graduellement de la vitesse à la compréhension.

Refaites le même exercice tous les autres jours de la semaine, en gardant le même livre mais en lisant le passage suivant, d'un repère à l'autre. Lisez toujours les deux premiers tiers de ce passage d'abord à 90 battements, puis à 60 battements, et le dernier tiers sans métronome, en vous chronométrant.

Cette série d'exercices visent à vous permettre d'intérioriser le rythme de lecture.

> **Suggestion**
>
> À la fin de cette troisième semaine, vous pourriez faire l'exercice de lecture 2 présenté à la page 188.

Quatrième semaine

Choisissez un nouveau roman d'une longueur de 150 à 200 pages, et contenant à peu près 200 mots par page. Divisez-le en cinq parties égales et placez un trombone ou un autocollant à la fin de chaque section. Pour cet exercice, vous aurez besoin du métronome et du chronomètre.

1er jour

- Placez votre métronome à 90 battements.

- Lisez le premier tiers (10 pages pour les livres de 150 pages, 13 pages pour les livres de 200 pages). Suivez les lignes du texte avec votre doigt ou un autre rythmeur, en changeant de ligne à chaque battement.

- Placez votre métronome à 60 battements.

- Relisez le même passage en suivant les lignes du texte avec votre doigt ou un autre rythmeur, en changeant de ligne à chaque battement.

- Fermez le métronome et partez votre chronomètre.

- Lisez les pages qui restent jusqu'au premier repère (20 ou 26 pages) en essayant de garder le même rythme, soit une vitesse de 30 secondes par page.

- À la fin de l'exercice, posez-vous des questions sur le texte que vous venez de lire. Qu'avez-vous compris? Que pourriez-vous raconter? De cette façon, vous améliorerez votre niveau de compréhension.

Refaites le même exercice tous les autres jours de la semaine, en gardant le même livre mais en lisant le passage suivant, d'un repère à l'autre. Lisez toujours le premier tiers de ce passage d'abord à 90 battements, puis à 60 battements, et les deux derniers tiers sans métronome, en vous chronométrant.

Suggestion

À la fin de cette quatrième semaine, vous pourriez faire l'exercice de lecture 3 présenté à la page 196.

Il se peut que votre esprit soit accaparé par le chronomètre et que votre niveau de rétention soit plus bas. Ne vous inquiétez pas, cette baisse n'est que temporaire.

Cinquième semaine

Choisissez un nouveau roman d'une longueur de 150 à 200 pages, et contenant à peu près 200 mots par page. Divisez-le en cinq parties égales et placez un trombone ou un autocollant à la fin de chaque section. Vous aurez encore une fois besoin du métronome et du chronomètre.

1er jour

- Placez votre métronome à 60 battements.

- Lisez le premier tiers (10 pages pour les livres de 150 pages, 13 pages pour les livres de 200 pages). Suivez les lignes du texte avec votre doigt ou un autre rythmeur, en changeant de ligne à chaque battement.

- Fermez le métronome et partez votre chronomètre.

- Lisez les pages qui restent jusqu'au premier repère (20 ou 26 pages) en essayant de garder le même rythme, soit une vitesse de 30 secondes par page.

- À la fin de l'exercice, posez-vous des questions sur le texte que vous venez de lire. Comment l'histoire se déroule-t-elle ? Quelles émotions ressentez-vous par rapport au style, aux personnages, à l'intrigue ? De cette façon, vous améliorerez votre niveau de compréhension et de rétention de l'information.

Refaites le même exercice tous les autres jours de la semaine, en gardant le même livre mais en lisant le passage suivant, d'un repère à l'autre. Lisez toujours le premier tiers de ce passage à 60 battements, puis les deux derniers tiers sans métronome, en vous chronométrant.

Suggestion

À la fin de cette cinquième semaine, vous pourriez faire l'exercice de lecture 4 présenté à la page 203.

Sixième semaine (optionnel)

Reprenez le roman que vous avez utilisé la première semaine et divisez-le encore une fois en cinq parties égales. Placez un trombone ou un autocollant à la fin de chaque section. Vous n'aurez besoin que de votre chronomètre, cette semaine.

1er jour

- Partez votre chronomètre.

- Lisez jusqu'au premier repère, en vous chronométrant et en gardant un rythme de 30 secondes par page.

Suggestion

À la fin de cette sixième semaine, vous pourriez faire l'exercice de lecture 5 présenté à la page 213.

Refaites le même exercice tous les autres jours de la semaine, en ne vous servant que du chronomètre.

* * *

Voilà, c'est terminé ! Vous faites maintenant partie des 2 % de lecteurs compétents. Félicitations !

Pour vérifier vos nouvelles habiletés, nous vous invitons à faire les deux exercices de lecture qui suivent. Le premier comprend un test de vitesse et de compréhension à partir d'un texte de Marcel Pagnol, *L'alarme maternelle* ; le second est un exercice de lecture par points de fixation.

Vous trouverez plusieurs tests de vitesse de lecture à la fin de ce livre qui présentent l'avantage d'être toujours suivis d'un test de compréhension. Ils vous permettent donc de mesurer non seulement votre vitesse, mais aussi la bonne assimilation des informations. Nous vous invitons à les faire aussi souvent que le besoin s'en fera sentir.

Test de vitesse de lecture :

L'alarme maternelle, de Marcel Pagnol

Partez votre chronomètre dès que vous commencez à lire et arrêtez-le dès que vous avez terminé. Notez ensuite votre temps de lecture, puis répondez aux questions de compréhension.

Lorsqu'elle (ma mère) allait au marché, elle me laissait au passage dans la classe de mon père qui apprenait à lire à des gamins de six ou sept ans.

Je restais assis, bien sage, au premier rang, et j'admirais la toute-puissance paternelle. Il tenait à la main une baguette de bambou : elle lui servait à montrer les lettres et les mots qu'il écrivait au tableau noir, et quelquefois à frapper sur les doigts d'un cancre inattentif.

Un beau matin, ma mère me déposa à ma place, et sortit sans mot dire, pendant qu'il écrivait magnifiquement sur le tableau : « La maman a puni son petit garçon qui n'était pas sage. »

Tandis qu'il arrondissait un admirable point final, je criai :

— Non ! Ce n'est pas vrai !

Mon père se retourna soudain, me regarda stupéfait, et s'écria :

— Qu'est-ce que tu dis ?

— Maman ne m'a pas puni! Tu n'as pas bien écrit!

Il s'avança vers moi.

— Qui t'a dit qu'on t'avait puni?

— C'est écrit.

La surprise lui coupa la parole un moment.

— Voyons, voyons, dit-il enfin, est-ce que tu sais lire?

— Oui.

— Voyons, voyons... répétait-il.

Il dirigea la pointe du bambou vers le tableau noir.

— Eh bien, lis.

Je lus la phrase à haute voix.

Alors il alla prendre un abécédaire, et je lus sans difficulté plusieurs pages.

Je crois qu'il eut ce jour-là la plus grande joie, la plus grande fierté de sa vie.

Lorsque ma mère survint, elle me trouva au milieu des quatre instituteurs, qui avaient renvoyé leurs élèves dans la cour de récréation et qui m'entendaient déchiffrer lentement l'histoire du *Petit Poucet*.

Mais au lieu d'admirer cet exploit, elle pâlit, déposa ses paquets par terre, referma le livre, et m'emporta dans ses bras, en disant: «Mon Dieu! Mon Dieu!»

Sur la porte de la classe, il y avait la concierge, qui était une vieille femme corse: elle faisait des signes de croix. J'ai su plus tard que c'était elle qui était allée chercher ma mère, en l'assurant que « ces messieurs » allaient me faire « éclater le cerveau ».

À table, mon père affirma qu'il s'agissait de superstitions ridicules, que je n'avais fourni aucun effort, que j'avais appris à lire comme un perroquet apprend à parler, et qu'il ne s'en était même pas aperçu.

Ma mère ne fut pas convaincue, et de temps à autre elle posait sa main fraîche sur mon front et me demandait : « Tu n'as pas mal à la tête ? »

Non, je n'avais pas mal à la tête, mais jusqu'à l'âge de six ans, il ne me fut plus permis d'entrer dans une classe, ni d'ouvrir un livre, par crainte d'une explosion cérébrale.

Elle ne fut rassurée que deux ans plus tard, à la fin de mon premier trimestre scolaire, quand mon institutrice lui déclara que j'étais doué d'une mémoire surprenante, mais que ma maturité d'esprit était celle d'un enfant au berceau.

Inscrivez dans votre cahier votre temps de lecture. Évaluez maintenant votre compréhension du texte en répondant aux questions suivantes, sans revenir au texte. Notez vos réponses dans votre cahier.

1. Quand la mère laissait-elle son fils avec le père ?
   a) Lorsqu'elle se rendait à son travail.
   b) Lorsqu'elle allait au marché.
   c) Lorsqu'elle recevait des invités.

2. Quelle était la profession du père?

3. Par quels gestes l'enfant était-il fasciné?

4. Quelle découverte surprit beaucoup le père ce jour-là?

5. Quelle fut la réaction de la mère à son retour?

6. Qui était allé chercher la mère?

7. Que craignait la concierge?

8. Le père affirma que son fils avait accompli son exploit…
   a) en raison de son intelligence supérieure.
   b) avec l'aide des autres enfants.
   c) comme un perroquet apprend à parler.

9. Par quel geste tendre la maman continua-t-elle de manifester son inquiétude?

10. Qu'interdisait-on au petit garçon de faire jusqu'à l'âge de six ans?

Pour vérifier vos réponses, servez-vous du corrigé à la page 222. Accordez-vous 10 points par bonne réponse.

Évaluez maintenant votre vitesse de lecture. Pour ce faire, divisez le nombre de mots contenus dans ce texte, soit 513, par le nombre de minutes que cette lecture vous a demandé. Inscrivez vos résultats dans votre cahier.

Quand on mesure sa vitesse de lecture après quelques semaines d'entraînement, on est généralement étonné et heureux des résultats. Mais les progrès qu'on a faits sont probablement supérieurs à ce que l'on croit.

Au départ, la vitesse moyenne des gens est généralement de 200 mots/minute. On obtient cette mesure à l'aide d'un test de vitesse de lecture. Mais les conditions de cette évaluation peuvent venir fausser les données. En effet, au moment d'un test, les personnes évaluées sont très attentives. Rares sont celles qui se permettent de rêver. Cela veut donc dire qu'un lecteur obtenant 200 mots/minute comme vitesse de lecture de départ, lit probablement, dans des circonstances normales, 150 mots/minute. S'il obtient 350 mots/minute à la fin d'un entraînement, il est donc passé, en réalité, de 150 à 350 mots/minute, puisqu'à cette vitesse, le phénomène de la rêverie risque moins de s'installer, le cerveau étant pleinement nourri.

Exercice de lecture par points de fixation

Pour vous exercer à lire par groupes de mots et à capter plusieurs mots, faites l'exercice suivant[7]. Le texte contient 797 mots. Dans la première partie, les mots sont placés par groupes de mots. Lisez cette partie en pointant chaque groupe de mots avec votre rythmeur. La dernière partie du texte est présentée normalement. Gardez le même rythme de lecture et suivez le texte en guidant votre œil avec le rythmeur. Continuez à lire en essayant de capter deux ou plusieurs mots à chaque point de fixation de l'œil.

Pour garder un rythme constant et pour stimuler le parcours de votre œil, utilisez le métronome et placez-le à 120 battements. Chaque battement correspond à la lecture d'un groupe de mots. Si ce rythme est trop rapide, diminuez à 90 battements. Répétez l'exercice plusieurs fois, en variant votre rythme de lecture.

---

7. Extrait de *La roue de médecine des Indiens d'Amérique*, p. 81 à 83.

Nous l'avons vu, les Indiens ont traditionnellement utilisé 11,8 % de la flore nord-américaine. Toutes ces plantes étaient également employées à des fins thérapeutiques et la majorité d'entre elles étaient cueillies dans leur milieu naturel. Les premiers scientifiques qui se sont attelés à la monumentale tâche d'étudier la pharmacopée des Indiens d'Amérique n'étaient donc pas sortis du bois. De plus, le contexte de l'usage original d'une plante médicinale dépasse parfois le simple cadre médical. Par exemple, les Micmacs font un remède composé de sept mélanges, contenant chacun sept plantes différentes, ce nombre étant un symbole déterminant dans leur cosmologie. L'étude de la pharmacopée des premières nations ne permet donc pas seulement de découvrir quelles étaient les plantes médicinales des hommes-médecine, mais aussi quel était le contexte d'utilisation de chaque plante selon les différentes nations. L'histoire, maintenant bien connue, de la guérison de l'équipage de Jacques Cartier par un remède fabriqué avec l'Arbre de vie des Hurons est un bon exemple des problèmes qui surgissent lors de l'étude des plantes médicinales des Indiens d'Amérique. Dans ce cas précis, les chercheurs ne s'entendent tout simplement pas sur l'identité de la plante en question : selon les différents livres, l'Arbre de vie est tantôt un pin, tantôt un cèdre, et tantôt de l'épinette ! Cet imbroglio serait attribuable au manque de connaissance de la langue et des traditions indiennes de la part des explorateurs et des premiers colons. La description de la flore utilisée par les Indiens reflète en grande partie le rapport des «immigrants» avec les premières nations. Les premiers Européens, qu'ils fussent anglais, espagnols ou français, notèrent bien des informations lors de leur contact avec les premières nations, mais leur compréhension de cette nouvelle médecine était pour le moins imparfaite. Leurs nombreuses interprétations plus ou moins justes ont fait en sorte que l'emploi actuel n'a souvent rien à voir avec l'utilisation originelle des plantes.

Les informations transmises par les explorateurs, qui ne subissaient pas l'influence d'une culture médicale européenne, s'avèrent souvent plus proches de la réalité que celles que nous ont rapportées les médecins de l'époque. En 1570, le médecin Francisco Hernandez, envoyé du roi d'Espagne, interrogea les guérisseurs indiens et visita les jardins botaniques aztèques. Il écrivit ensuite une œuvre monumentale, l'*Histoire naturelle du Nouveau Monde*, constituée de 24 volumes de textes et de 10 albums d'illustrations, contenant 5 000 plantes dont 3 000 médicinales. Cependant, sa culture médicale issue de Gallien, ne lui permettait pas de comprendre les méthodes appliquées par ces guérisseurs. Dans l'*Histoire naturelle*, Hernandez recommanda le *Sassafras officinalis* pour le traitement des maladies chroniques. À la même époque, l'explorateur Francisco Bravo, qui décrivit avec soin les extraits et les infusions que préparaient les Aztèques dans son œuvre intitulée *Opera Medicinalia*, rapporta plutôt l'utilisation du *Sassafras officinalis* comme traitement contre la syphilis. Le choc des valeurs véhiculées par les différentes religions a aussi été responsable de plusieurs «oublis» volontaires. Selon les archives officielles, le roi d'Espagne Charles Quint s'enquit auprès de l'évêque de la nouvelle ville de Mexico des possibilités d'introduire en Europe l'usage d'une plante que les Aztèques utilisaient à des fins contraceptives.

Dans la correspondance que le roi adressa à l'évêque, la plante y était décrite comme une sorte de tubercule semblable à la patate douce. Offensé par cette idée contraire aux dogmes de la religion catholique, l'évêque fit tomber l'usage et même le nom de cette plante dans l'oubli en la frappant d'interdit. Près de 500 ans plus tard, soit en 1942, des chercheurs qui étudiaient une plante aztèque, l'igname sauvage (*Dioscorea villosa*) (ce serait la plante en question), reconnue traditionnellement pour ses propriétés antirhumatismales et analgésiques depuis l'invasion espagnole, découvrirent qu'elle contenait un stéroïde, la diosgénine, qui fut utilisé en 1950 par les laboratoires Syntex dans l'élaboration de la première pilule contraceptive.

La pharmacopée des Indiens d'Amérique a également connu d'autres transformations conséquemment à l'arrivée des nouveaux immigrants. L'importation des nombreuses maladies inconnues jusqu'alors, dont la variole, la rougeole, le choléra, la diphtérie, la scarlatine, la peste, la malaria, ainsi que diverses formes de grippes et de maladies vénériennes, a bouleversé les moyens de guérison des premières nations. Devant l'incapacité des hommes-médecine à traiter efficacement certaines de ces nouvelles maladies, et habitués à faire des échanges et à partager les plantes entre elles, les premières nations ont adopté plusieurs des plantes médicinales importées par les colons européens. Des remèdes qui contiennent des plantes comme l'eucalyptus, le thym et la menthe Pouliot, ont donc été composés après l'arrivée de ces derniers colons.

Les variantes du mouvement pour guider l'œil

Vous connaissez maintenant la méthode de base et vous avez pris l'habitude de guider votre œil en suivant les lignes d'un texte avec un rythmeur. Mais vous vous demandez peut-être s'il faut obligatoirement déplacer le rythmeur d'un bout à l'autre de la ligne, comme nous vous l'avons indiqué jusqu'à maintenant.

En fait, cette méthode est la mieux indiquée pour vos pratiques et vous devriez l'utiliser tout le temps que durera votre entraînement. Elle vous permettra de vous familiariser avec le rythme sans briser vos habitudes, puisqu'elle guide l'œil le long de chaque ligne, du premier au dernier mot, en vous obligeant simplement à le faire plus rapidement, sans fixer les mots et sans vous arrêter.

Certains individus la préfèrent aux autres et la conservent, même quand ils sont devenus des lecteurs performants. Il est certain qu'elle reste la méthode la plus indiquée lorsque vous aurez à lire des documents complexes. Mais vous pouvez réduire le parcours du rythmeur, et c'est ce que nous allons voir maintenant.

Variante 1 – Centre du texte, de gauche à droite

Utilisez un rythmeur pour guider vos yeux, tout en diminuant la largeur de votre parcours. La vitesse maximale doit être de 600 à 800 mots/min.

Personnellement, c'est la technique que j'utilise le plus souvent.

Variante 2 – Centre gauche au centre droit

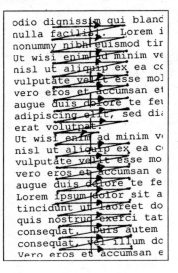

Imaginez une ligne verticale au milieu de la page. Lisez le texte en guidant vos yeux du centre gauche au centre droit et en captant globalement trois ou quatre mots de chaque côté.

Cette technique s'utilise surtout pour la lecture de textes placés en colonnes (journaux, magazines).

Variante 3 – Premier et dernier mots de chaque ligne

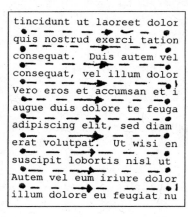

Utilisez un rythmeur pour guider vos yeux vers le premier et le dernier mot de chaque ligne.

Personnellement, je n'aime pas cette technique, car l'œil se perd trop facilement.

Variante 4 – Rythmeur pointé vers le bas

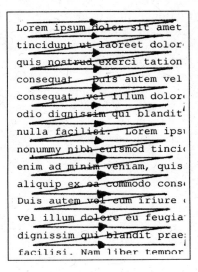

Procédez de la même façon qu'avec les techniques précédentes, mais en tournant la main de façon à diriger le rythmeur vers le bas. Vous le faites alors glisser dans l'espace au-dessus de la ligne, plutôt que de suivre le texte dans l'espace sous la ligne.

Certains lecteurs préfèrent tenir le rythmeur de cette façon, car ils ont l'impression de mieux voir (la main n'est plus dans le champ périphérique de l'œil) et de pouvoir anticiper le texte qui vient. Pour ma part, je trouve cette position peu ergonomique.

Variante 5 – Deux lignes à la fois

Utilisez un rythmeur pour guider vos yeux du premier au dernier mot de chaque ligne, mais en lisant deux lignes à la fois.

Il s'agit d'une technique d'écrémage. Il sera question de cette technique dans les stratégies de lecture.

Variante 6 – De haut en bas, en suivant le centre du texte

```
augue duis dolore te feu
adipiscing elit, sed dia
erat volutpat. Ut wisi
suscipit lobortis nisl u
Autem vel eum iriure dol
illum dolore eu feugiat
qui blandit praesent lup
Lorem ipsum dolor sit am
tincidunt ut laoreet dol
quis nostrud exerci tati
consequat. Duis autem v
consequat, vel illum dol
odio dignissim qui bland
nulla facilisi. Lorem i
nonummy nibh euismod tin
enim ad minim veniam, qu
aliquip ex ea commodo co
Duis autem vel eum iriur
vel illum dolore eu feug
dignissim qui blandit pr
facilisi. Nam liber temp
id quod mazim placerat f
consequat, vel illum dol
odio dignissim qui bland
nulla facilisi. Lorem i
nonummy nibh euismod tin
Ut wisi enim ad minim ve
nisl ut aliquip ex ea co
vulputate velit esse mol
vero eros et accumsan et
```

Utilisez le rythmeur pour guider vos yeux de haut en bas, en captant rapidement les groupes de mots du centre gauche et du centre droit de chaque ligne.

Personnellement, je trouve plus naturel le mouvement de gauche à droite (un mouvement acquis en lecture) que celui de haut en bas. D'après moi, l'œil est plus à l'aise quand il suit un rythmeur qui le conduit de la gauche vers la droite.

En pratiquant ces différentes techniques, vous découvrirez celles qui vous conviennent le mieux. Il va sans dire que le choix repose aussi sur le type de texte à lire et le contexte de lecture. On ne fera probablement pas l'écrémage pour la lecture d'un roman !

Résumé

À partir de maintenant, vous ne devriez jamais lire sans guider le parcours de votre œil à l'aide d'un rythmeur (le doigt ou un crayon).

Nous vous conseillons de travailler régulièrement de quinze à trente minutes chaque jour, pendant cinq à six semaines.

Les exercices que vous ferez visent à entraîner l'œil. Il s'agit de forcer le rythme et d'inciter l'œil à parcourir de plus en plus rapidement les lignes d'un texte.

Vous devez accepter de sacrifier, au départ, votre niveau de compréhension. Cette perte de sens est temporaire et ne survient qu'au moment des exercices.

Le métronome ne servira que durant la période d'apprentissage de la lecture rapide. Il vous permettra de vous entraîner à suivre un rythme de lecture constant. Respectez les battements comme s'il s'agissait de la voix d'un entraîneur.

Pendant votre entraînement, n'utilisez que le mouvement de base (le rythmeur suivant chaque ligne du premier au dernier mot). Une fois ce mouvement maîtrisé, vous pourrez choisir le mouvement qui vous convient le mieux parmi ceux proposés parmi les six variantes (voir les pages 81 à 84).

Chapitre 4

Les exercices pour les yeux

Dans ce chapitre, nous vous suggérerons quelques exercices pour les yeux ; ceux-ci ne sont pas obligatoires. Vous pouvez devenir un lecteur compétent sans les faire. Mais en les pratiquant, vous en retirerez de nombreux bénéfices, non seulement en lecture, mais aussi dans tous les autres domaines de votre vie, car nous nous servons constamment de nos yeux. Ces exercices sont, pour moi, d'un très grand intérêt, puisqu'ils s'appuient sur l'une des notions de base en lecture : le lien entre l'œil et le cerveau. C'est pourquoi j'ai tenu à les inclure dans mon livre.

L'influence sur l'œil de notre état mental

Comme nous l'avons vu précédemment, l'œil a pour fonction de transmettre des images visuelles au cerveau qui les analyse et les interprète. L'œil et le cerveau sont directement reliés. En effet, tout ce qui se passe dans notre cerveau, nos émotions, nos peurs, nos joies, nos déceptions, influence notre corps. Notre respiration sera plus ou moins profonde, par exemple, nos muscles plus ou moins contractés, selon l'intensité de l'émotion du moment. Nous serions donc en droit de penser que notre état mental influence également nos yeux.

Les observations du docteur Bates

Le premier à avoir démontré qu'il pouvait y avoir un lien entre le cerveau et la santé de l'œil a été le docteur William H. Bates (1860-1931). Cet homme était un ophtalmologue américain qui exerçait à New York au tournant du XXe siècle. Au cours de ses années de pratique, il avait eu l'occasion d'observer les yeux de centaines de clients. Il avait remarqué que l'acuité visuelle de ses patients changeait suivant leur état de santé et les émotions qu'ils vivaient. Ainsi, l'examen des yeux d'un même patient donnait des résultats différents suivant que ce dernier était tendu ou détendu, calme ou stressé, reposé ou fatigué, qu'il faisait un travail qui lui plaisait ou pas, qu'il avait ou non des problèmes dans sa vie personnelle.

Il en vint à conclure que la vision était influencée par les conditions physiques et psychiques présentes à un moment ou à un autre dans la vie des gens. Il mit donc au point une série d'exercices visant à soulager les tensions de l'œil reliées à celles logées dans le cerveau. Ces exercices, simples et sans danger pour l'œil, permirent à beaucoup de ses patients de corriger des problèmes aussi variés que la presbytie, la myopie, l'astigmatisme, l'hypermétropie et le strabisme. Il s'aperçut également que, dans bien des cas, cette amélioration des fonctions visuelles s'accompagnait d'une amélioration générale de la santé de l'œil.

Toutes les parties du corps humain possèdent des mécanismes naturels de guérison. Si l'on se fracture un membre, par exemple, on obtiendra une guérison naturelle des os et des tissus pendant que ce membre est immobilisé. Or, l'idée que l'œil puisse guérir naturellement allait à l'encontre des convictions médicales de l'époque – convictions encore partagées de nos jours. Selon la majorité des ophtalmologues, les problèmes de vision étaient incurables. L'œil serait ainsi le seul organe du corps humain dépourvu de cette fonction naturelle d'autoguérison. Toute défectuosité des yeux ne pouvait donc être corrigée que par le port de lunettes, et aucun exercice ne pouvait améliorer les fonctions des tissus. Le docteur Bates prétendait le contraire. En 1920, il publia un ouvrage, *Better Eyesight Without Glasses*, dans lequel il expliquait ses recherches et proposait des exercices pour corriger les défectuosités de l'œil.

Même si les travaux du docteur Bates n'ont pas reçu l'assentiment de tous ses contemporains, son livre lui a néanmoins mérité une consécration bien particulière, puisqu'il a été choisi par l'Oglethorpe University d'Atlanta, aux États-Unis, pour figurer parmi les ouvrages les plus représentatifs de notre temps et être déposé dans la « crypte de la civilisation » qui ne sera ouverte que dans six mille ans[8].

Les travaux et les exercices du docteur Bates ont été repris par de nombreux chercheurs, et sa méthode est encore enseignée internationalement. Deux spécialistes méritent d'être mentionnés : Janet Goodrich, psychologue, auteure de *Bien voir sans lunettes* et fondatrice d'un centre de formation en Australie, et le docteur Robert Michael Kaplan, optométriste, qui a écrit *Voir sans lunettes*.

L'art de voir d'Aldous Huxley

Mon intérêt pour le sujet remonte à la lecture d'un livre d'Aldous Huxley (1894-1963), *L'art de voir*. L'auteur du célèbre roman *Le meilleur des mondes* perdit presque complètement la vue à l'âge de seize ans, à la suite d'une grave maladie oculaire. Pendant des

---

8. Information donnée par Georges Neveux dans l'avant-propos de *L'art de voir*.

années, il consulta sans succès les plus grands spécialistes. En 1939, il entendit parler des expériences de Bates sur la rééducation des yeux. Comme ses lunettes ne lui servaient à rien, Huxley décida de suivre ce traitement. Au bout de quelques mois à peine, il pouvait lire sans lunettes. En 1943, il écrivit *L'art de voir* dans lequel il raconte son histoire et expose les fondements de la théorie de Bates. Son livre fut réédité deux fois depuis et traduit dans plusieurs langues du monde.

Je ne suis pas un spécialiste de la santé des yeux. Mon propos n'est donc pas de trancher le débat qui oppose les ophtalmologues. Mais si les tensions au cerveau influencent le bon fonctionnement de l'œil et si certains exercices peuvent améliorer ses fonctions, je m'en voudrais de ne pas les présenter dans le cadre de cet ouvrage. L'œil n'est-il pas le principal outil du lecteur ?

Les exercices mis au point par le docteur Bates ne s'adressent pas uniquement à des cas extrêmes, comme celui d'Aldous Huxley. Ils visent à créer, d'une façon générale, des conditions favorables au bon fonctionnement de l'œil. Certains exercices servent à procurer à l'œil la détente et le repos, ou à favoriser sa mobilité, d'autres à soulager les tensions que cause la fixation – ce qui se passe quand on a les yeux fixés sur un problème –, d'autres encore à apporter une meilleure irrigation de l'œil ou à diminuer l'hypersensibilité des yeux à la lumière.

Les besoins naturels de l'œil

Même s'ils sont sains et en santé, nos yeux subissent quotidiennement bien des stress. Sans le vouloir, nous les privons souvent des éléments essentiels à leur bien-être : la détente, le mouvement et la lumière.

Le besoin de détente

Chaque jour, nous subissons des pressions de toutes sortes : délais serrés, urgences, problèmes de concurrence, soucis de santé ou d'argent, besoin de réussir, etc. Ces préoccupations viennent modifier notre façon de «voir» les choses. Nous ne voyons bien, comme on dit, que ce que nous voulons bien voir ! Quand nous prenons notre voiture pour nous rendre dans un endroit que nous connaissons bien, nous pouvons ne rien voir du paysage tellement nous sommes absorbés dans nos pensées. Si nous sommes très préoccupés, nous pouvons lire des paragraphes entiers d'un document sans penser aux mots. Le cerveau privilégie toujours les émotions, c'est ce qu'il «regarde» en premier.

Nos yeux ont besoin de détente. Pourtant, nous prenons rarement le temps de leur accorder le repos dont ils ont besoin. Comme le dit Aldous Huxley dans son livre[9] : «La relaxation constitue l'un des principaux moyens d'atteindre notre but, c'est-à-dire d'arriver à voir le plus possible de caractères imprimés dans le plus court espace de temps, avec un minimum de fatigue et le maximum d'efficacité intellectuelle.» C'est bien là le but que nous visons tous, n'est-ce pas ?

Le besoin de mouvement

Dans des conditions normales, nos yeux opèrent sans arrêt des mouvements de va-et-vient, regardant alternativement des objets éloignés et d'autres rapprochés. Ce mouvement naturel stimule l'œil et lui permet de s'accommoder très facilement des changements de perspective. Mais ces mouvements sont souvent restreints par les limites que nous imposent nos fonctions. Au travail, par exemple, nous demandons à nos yeux de fixer un écran pendant des heures. À la fin d'une journée, beaucoup de gens se

---

9. Aldous Huxley, *L'art de voir*, Paris, Éditions Payot, p. 188.

détendent en regardant la télévision, en surfant sur Internet ou en s'adonnant à des jeux vidéo.

L'œil a besoin de bouger pour conserver sa mobilité naturelle. Dans la nature, il ne fixe que lorsqu'une personne (ou un animal) est en situation de détresse. Elle braque alors ses yeux sur le danger. Au travail, même s'il n'y a aucun danger réel, le cerveau associe le fait de fixer un objet longuement (comme l'écran de l'ordinateur) à une image de danger. Pas étonnant que nous nous sentions parfois oppressés après une longue période de travail à l'ordinateur ! Ce facteur de risque – quoique inexistant – augmente en effet notre niveau de stress. Il faut donc nous habituer à prendre régulièrement des pauses quand nous travaillons à l'écran ou quand nous regardons la télévision.

Le *swinging*, un exercice proposé par le docteur Bates et que nous décrirons plus loin, a pour objectif d'aider les yeux à conserver toute leur mobilité. Il est simple à faire et se pratique facilement au bureau.

Le besoin de lumière naturelle et d'obscurité

Nos yeux ont besoin de la lumière naturelle qui produit différentes intensités d'ombre et de lumière. Quand nous sommes à l'extérieur, nous passons rapidement d'un endroit ensoleillé à un endroit ombragé, le soleil peut s'obscurcir momentanément en raison du passage d'un nuage ou peut se cacher brusquement pendant une averse. L'œil s'ajuste naturellement à ces changements d'intensité. Ils ont été conçus pour supporter les rayons du soleil, et nos pupilles se contractent et se dilatent naturellement selon le degré de luminosité environnante.

Or, de nos jours, nous passons la majeure partie de notre temps dans des édifices où les ouvertures ne laissent pas suffisamment filtrer de lumière. Pour compenser, nous utilisons la lumière artificielle dont le degré de luminosité est constant. Peut-être l'avez-vous déjà remarqué : la lumière naturelle ne produit jamais d'ombre.

Nos yeux ont aussi besoin d'obscurité et de repos. Nous ouvrons bien souvent la lumière dès notre réveil et nous l'éteignons juste avant d'aller dormir. Il n'y a donc pas de moment d'acclimatation. Nous passons brusquement de l'obscurité à la lumière, puis de la lumière à l'obscurité. Avant l'invention de l'électricité, nos yeux profitaient de l'aube pour s'acclimater lentement à la lumière, et du crépuscule pour s'habituer à la noirceur.

Certains exercices du docteur Bates, comme le *sunning* que nous décrirons plus loin, visent à stimuler le mouvement de contraction et de dilatation des pupilles pour permettre une meilleure adaptation à tous les degrés de luminosité.

Une série d'exercices pour les yeux

Les exercices que nous vous présentons maintenant s'inspirent tous des travaux du docteur Bates. Ils visent à détendre les yeux et l'esprit et à stimuler les fonctions naturelles de l'œil.

Exercice du *palming*

Le *palming* – peut-être le plus important et le plus connu des exercices proposés par le docteur Bates – vise à désencombrer notre mental et à retrouver le calme nécessaire pour bien voir. Il permet également de soulager les tensions et de diminuer la fatigue causée par un trop grand effort oculaire. Cet exercice était l'un des préférés d'Aldous Huxley.

Méthode

• Installez-vous en position assise, les coudes appuyés sur une table ou vos genoux.

- Fermez vos yeux et couvrez-les avec les paumes de vos deux mains.

- N'exercez aucune pression sur les yeux. Laissez vos doigts reposer sur votre front et les os de vos pommettes.

- Laissez vos yeux s'abandonner à l'obscurité.

- Gardez cette position de 5 à 10 minutes.

- Durant ce temps, imaginez des événements ou des scènes agréables de votre vie. Cet exercice d'imagination est très important, car il vous permet, tout en reposant vos yeux, de vider votre cerveau de toute pensée obsédante.

- Variez les scènes de façon à ne pas fixer trop rigidement une seule image, ce qui entraînerait une fixation des yeux.

- Pour améliorer encore cet exercice, représentez-vous des scènes dans lesquelles il y a un changement de perspective : un train aperçu au loin, qui s'approche puis disparaît dans le lointain ; une boule sur un immense jeu de billard, que vous faites rouler et qui s'éloigne rapidement ; une pierre lancée sur la surface d'un immense lac glacé ; etc. Même si vos paupières sont fermées, votre œil continue à se mouvoir très librement lorsque vous pensez à ces images.

Pratiqué ainsi, cet exercice présente le double avantage de reposer tant l'esprit que l'œil et de stimuler la mobilité des yeux. De plus, comme nous l'avons vu, nos yeux sont très souvent privés d'obscurité. L'absence de lumière et la chaleur des mains pendant cet exercice sont aussi très bénéfiques.

Cet exercice peut être pratiqué à toute heure du jour. Je vous recommande de le pratiquer régulièrement et d'y revenir dès que vous sentez que vos yeux sont fatigués ou que vous sortez d'une longue période de travail devant l'écran de votre ordinateur.

Variante de l'exercice du *palming*

Méthode

- Installez-vous en position assise, les coudes appuyés sur une table ou vos genoux.

- Fermez vos yeux et couvrez-les avec les paumes de vos deux mains.

- N'exercez aucune pression sur les yeux. Laissez vos doigts reposer sur votre front et les os de vos pommettes.

- Laissez vos yeux s'abandonner à l'obscurité.

- Pendant que vous gardez cette position, faites quelques exercices de flexion du cou.

Exercice de clignement et de relaxation dynamique

Méthode

- Clignez des yeux une douzaine de fois, en fermant rapidement les paupières, «en ailes de papillon».

- Clignez des yeux normalement pendant quelques secondes.

- Clignez des yeux encore une douzaine de fois rapidement.

- Clignez des yeux normalement pendant quelques secondes.

- Pour terminer, frictionnez les muscles de votre nuque (voir la note qui suit).

- Si vos yeux étaient très fatigués, terminez avec un exercice de *palming*.

Pratiquez cet exercice de deux à trois fois par jour. Le cligne-ment fréquent est très efficace pour reposer les yeux des personnes qui doivent faire un travail demandant une attention soutenue.

Note: Quand nos yeux sont fatigués, nous avons parfois le réflexe de les frotter ou de les masser doucement. Le docteur Bates recommande de ne jamais masser nos yeux. Il vaudrait mieux également éviter de nous frotter les yeux quand nous en sentons le besoin. Nos paupières, selon cet ophtalmologue, sont parfaitement adaptées et peuvent faire ce travail mieux que nous.

Exercice de détente générale

Quand nous sommes stressés ou anxieux, il arrive sou-vent que nous ne respirions pas librement et pleinement. Nous retenons notre souffle, en quelque sorte. Cette réac-tion entraîne une moins grande oxygénation du sang et ne favorise pas la circulation sanguine dans les yeux. L'exer-cice qui suit favorise la respiration profonde.

Méthode

- Étirez-vous en inspirant profondément.

- Relâchez la tension et laissez votre corps retomber lentement vers le bas en expirant.

- Gardez la position pendant trois secondes, bras ballants et genoux légèrement fléchis.

- Revenez lentement à votre position de départ.

Répétez cet exercice trois fois.

Exercice du *sunning*

Cet exercice est destiné à stimuler le mouvement de dilatation et de contraction des pupilles, suivant les variations d'intensité de la lumière.

Méthode

- Si vos yeux sont très sensibles à la lumière, commencez par un exercice de *palming*.

- Asseyez-vous confortablement, le dos bien appuyé.

- Couvrez l'un de vos yeux avec la paume de votre main et exposez l'autre œil à la lumière.

- Tournez la tête doucement d'un côté à l'autre pour ne pas exposer votre œil trop longtemps à la lumière directe du soleil.

- Pendant que vous faites cet exercice, respirez profondément pour relâcher toutes les tensions.

- Continuez pendant une ou deux minutes, puis faites passer l'autre œil dans la lumière du soleil.

- Terminez en faisant un exercice de *palming*.

Répétez l'exercice plusieurs fois par jour. Il procure généralement aux yeux une chaude sensation de bien-être.

Note: Selon le docteur Bates, nos yeux deviennent hypersensibles à la lumière non pas parce que la lumière du soleil peut blesser l'œil, mais parce qu'on ne les expose pas suffisamment. Selon cet ophtalmologue, le soleil ne produit jamais d'effets nocifs sur les yeux. Mais il faut néanmoins éviter de le regarder fixement. Comme le dit Aldous Huxley à ce sujet, même si vous aimez les fraises et qu'elles sont bonnes pour vous, vous n'en mangerez certainement pas deux ou trois kilos d'un seul coup!

Exercice du *swinging* (ou balancement court)

Si vous regardez une voiture qui vient dans votre rétroviseur, sa vitesse vous semblera moins grande que lorsqu'elle vous dépassera. Puis, sa vitesse vous semblera diminuer de nouveau quand elle sera loin devant vous. En effet, les objets semblent se déplacer plus rapidement quand ils sont près de nous que lorsqu'ils sont loin. L'exercice de balancement qui suit vise à permettre à l'œil de se rendre compte du mouvement apparent des objets qui nous entourent. Il s'agit d'un exercice de mobilité.

Méthode

- Placez-vous devant une fenêtre ou à un endroit d'où vous pouvez apercevoir un objet rapproché et un autre éloigné. Ce pourrait être, par exemple, le barreau de la fenêtre et un arbre dans la rue. Si vous vous trouvez dans une pièce fermée, vous pourriez alors choisir un objet sur votre bureau et un tableau sur le mur.

- Tenez-vous debout, les pieds écartés d'environ un demi-mètre.

- Balancez le corps doucement et régulièrement d'un côté à l'autre, en regardant cet objet. Ce balancement ne doit pas être ample, mais doit être toujours confortable.

- Évitez de bouger la tête. Elle doit simplement suivre le mouvement de votre corps.

- Observez le mouvement de l'objet qui se trouve près de vous et qui semble se déplacer vers la gauche et vers la droite par rapport aux objets éloignés, chaque fois que vous faites ce mouvement de va-et-vient. Quand vous balancez vers la gauche, il semble se déplacer vers la droite, et vice versa.

- Faites ce mouvement pendant deux ou trois minutes, puis fermez les yeux.

- Continuez de vous balancer pendant deux ou trois minutes, en vous représentant mentalement le mouvement apparent de l'objet rapproché de vous.

Répétez cet exercice trois fois.

Exercice du *pencilswing*

Cette variante du *swinging* peut se faire à n'importe quel moment de la journée.

Méthode

- Asseyez-vous confortablement.

- Prenez un crayon et tenez-le verticalement devant votre nez, à une distance maximale de vingt centimètres. (Vous pourriez simplement utiliser votre index.)

- Penchez votre tête vers votre épaule d'un côté, puis de l'autre. Continuez ce balancement en observant les mouvements apparents du crayon (ou de votre doigt) par rapport aux objets plus éloignés.

- Regardez alternativement le crayon et les objets éloignés.

- Fermez les yeux de temps à autre et continuez à balancer votre tête en imaginant le mouvement apparent du crayon.

Faites cet exercice pendant deux ou trois minutes.

Exercice du métronome

Les mouvements de l'œil sont souvent restreints durant le jour, puisque nous devons fixer un objet (écran, outil, texte, etc.) pendant des heures. Cet exercice s'inspire du *shifting*, « mouvements rapides et répétés de la direction du regard d'un point rapproché à un autre[10] », proposé par le docteur Bates. Il donne à l'œil l'occasion d'exercer toute sa mobilité.

Personnellement, c'est mon exercice préféré. Quand je le fais, j'ai vraiment l'impression de « muscler » mon œil.

Méthode

- Installez-vous confortablement sur une chaise devant une table.

- Posez vos avant-bras sur la table, en les espaçant d'environ votre carrure. Placez vos pouces vers le haut et détendez vos mains.

- Placez votre métronome à 80 battements et regardez vos pouces alternativement, en faisant bouger vos yeux de droite à gauche et de gauche à droite.

- Ne bougez surtout pas la tête, seuls vos yeux doivent se déplacer.

- Continuez ce mouvement pendant trois minutes.

- Puis, placez votre métronome à 170 battements et continuez le mouvement pendant trois minutes.

- Diminuez maintenant le rythme de votre métronome à 120 battements, et continuez ce mouvement pendant trois minutes.

- Terminez en faisant un exercice de *palming*.

---

10. Définition donnée par Aldous Huxley dans *L'art de voir*, p. 175.

Des conseils pour prendre soin de vos yeux

- Choisissez de préférence une lumière naturelle. Vos yeux ont besoin d'un bon éclairage. Quand vous utilisez un éclairage artificiel, prévoyez deux sources de lumière : la première pour éclairer toute la pièce et la seconde, pour éclairer directement le texte à lire.

- Ménagez vos yeux. Si vous sentez qu'ils se fatiguent, interrompez votre lecture et faites un exercice de *palming* pour les reposer. Vous en ressentirez immédiatement les bienfaits. Les paumes de vos mains apporteront de la chaleur à vos yeux et l'obscurité viendra les détendre.

- Apprenez à vous détendre en faisant la respiration profonde. Lorsque nous sommes absorbés par un travail, notre respiration est souvent très courte et notre corps devient tendu, crispé. Il faut en prendre conscience, regarder comment nous nous tenons, comment nous respirons et nous habituer à nous détendre, à mieux respirer pendant que nous faisons un travail et à prendre, par moments, des respirations profondes.

Résumé

Selon le docteur William Bates, nos états physique et psychologique (stress, émotions, soucis, maladies, etc.) auraient un effet direct sur notre acuité visuelle. Il a donc mis au point une série d'exercices visant à soulager les tensions de l'œil reliées à celles logées dans le cerveau.

Les exercices présentés dans ce chapitre s'inspirent directement des théories du docteur Bates. Ils servent à stimuler les fonctions naturelles de l'œil et à lui procurer la détente, la mobilité et la luminosité dont il a naturellement besoin.

Les travaux de cet ophtalmologue américain ont été repris par de nombreux chercheurs et sa méthode est encore enseignée internationalement.

3e
partie

Chapitre 5

Quelques stratégies de lecture

Les techniques que vous avez pratiquées jusqu'à maintenant vous auront permis d'accroître votre vitesse de lecture. Elles s'utilisent pour la lecture intégrale d'un texte. Mais dans certaines situations, le lecteur n'a pas besoin de lire un ouvrage en entier pour aller chercher les informations dont il a besoin. Il emploiera alors des «stratégies de lecture», c'est-à-dire des procédés qui lui permettront de trouver rapidement ce dont il a besoin dans un texte, sans en faire une lecture intégrale. On ne parle plus dans ce cas de lecture rapide, mais de stratégies de lecture active.

Parmi toutes les stratégies généralement proposées, il y en a trois qui sont, à mon avis, extrêmement efficaces : le repérage, l'écrémage et le survol. Le recours à celles-ci n'implique cependant pas qu'on laisse tomber l'utilisation du rythmeur. On doit toujours se servir d'un rythmeur pour lire, même quand on ne fait pas la lecture intégrale d'un texte.

La première de ces stratégies, le repérage, permet de découvrir rapidement un renseignement précis, une date, un chiffre, un nom, etc. La deuxième, l'écrémage, permet de capter ce qui est important, nouveau ou intéressant dans un texte et de trouver rapidement les réponses à certaines questions précises que se pose le lecteur. La troisième, le survol, est une stratégie de lecture plus large que les précédentes. Elle permet d'aller plus loin dans la recherche d'informations.

Les stratégies de lecture constituent une forme d'itinéraire, semblable aux itinéraires de voyage. Si vous avez deux jours pour visiter Paris, par exemple, vous tâcherez de bâtir l'itinéraire le plus représentatif de vos intérêts. Si vous aimez l'histoire, l'architecture, vous choisirez alors les endroits les plus riches en informations de ce genre. Vous pourriez très bien visiter Paris sans cet itinéraire, mais votre parcours serait aléatoire et vos chances d'approfondir les sujets qui vous intéressent seraient bien minces. Le hasard ne fait pas toujours bien les choses, c'est connu!

Il en va de même pour la lecture d'un ouvrage. Ce n'est pas toujours nécessaire de lire un texte intégralement. On peut créer son propre « itinéraire de lecture ». Quand certains passages contiennent des informations qui ne peuvent nous servir, il n'y a aucune raison de les lire. Quand on connaît un sujet à fond, il n'y aura peut-être que deux ou trois informations supplémentaires qui nous intéresseront. Parfois, c'est le texte lui-même qui nous fournit l'occasion de pratiquer certaines stratégies ; par exemple, on peut facilement écrémer un texte dont la syntaxe est très simple.

On a souvent une approche trop passive de la lecture. Toutes les parties d'un texte ou d'un document n'ont pas la même importance. Certaines phrases, certains paragraphes, sont essentiels à la compréhension de la pensée d'un auteur ; d'autres ne sont là que pour illustrer un propos ou permettre un enchaînement harmonieux des idées.

On peut perdre un temps fou à entreprendre la lecture d'un texte sans s'y préparer ; c'est d'ailleurs ce que font de nombreux lecteurs. Au bout d'une heure de lecture, ils possèdent généralement beaucoup moins d'informations que le lecteur qui s'y est d'abord préparé. L'esprit est plus alerte quand il sait ce qu'il cherche ! Combien de temps un lecteur efficace aura-t-il consacré à cette préparation? Généralement pas plus de cinq minutes. Et il aura gagné peut-être plusieurs heures!

En combinant la lecture rapide et la pratique de stratégies de lecture, vous pourrez optimiser votre efficacité et tirer profit de toutes ces richesses que les ouvrages contiennent. Ce sont ces deux paramètres réunis, techniques de lecture rapide et stratégies de lecture active, qui font d'un lecteur rapide un lecteur performant.

La liberté du lecteur

L'écrit offre l'avantage de laisser au lecteur beaucoup de latitude. À aucun moment, il n'est tenu de suivre le déroulement de l'œuvre tel que l'auteur l'a conçu. Cette liberté n'est pas courante. Au cinéma ou à la télévision, par exemple, le spectateur ne peut que suivre passivement le déroulement des événements.

Les stratégies de lecture nous permettent de faire des choix et nous donnent toute notre liberté de lecteur. Si vous éprouvez des réticences à le faire, remettez-vous-en à l'opinion d'un grand auteur littéraire, Daniel Pennac, qui nous recommande de nous approprier nos lectures. Dans son livre *Comme un roman*, il a même dressé une liste des «droits imprescriptibles du lecteur[11]»:

Le droit de ne pas lire.
Le droit de sauter des pages.
Le droit de ne pas finir un livre.
Le droit de relire.
Le droit de lire n'importe quoi.

---

11. Daniel Pennac, *Comme un roman*, Paris, Éditions Gallimard, coll. Folio, p. 167 et suiv.

Le droit au bovarysme (maladie textuellement
transmissible).
Le droit de lire n'importe où.
Le droit de grappiller.
Le droit de lire à haute voix.
Le droit de nous taire.

Voici maintenant comment pratiquer chacune des grandes stratégies de lecture.

Le repérage

Le repérage – qu'on appelle également balayage ou *skip reading* – est une stratégie très utilisée par tous ceux qui doivent, dans leur travail, trouver rapidement un renseignement précis, répondre à une question ou rassembler des informations sur un sujet donné. Elle est très utile quand il s'agit de trouver un nom, une date, ou de revoir rapidement un dossier avant une réunion ou une présentation.

Pendant un exercice de repérage, le lecteur ne lit pas vraiment. Il laisse simplement glisser ses yeux le long des lignes d'un texte, tout en les guidant afin que ce glissement ne soit pas trop aléatoire, jusqu'à ce qu'il trouve ce qu'il cherche. Il doit donc se fixer un but très précis avant de commencer.

Méthode

• Pensez à l'information que vous voulez trouver et programmez votre cerveau. Celui-ci fera en sorte que votre œil détectera mieux ce que vous prévoyez mentalement. Cette programmation se fait en fonction des questions auxquelles le texte répond ou des informations précises à aller chercher.

- Déterminez les différentes formulations possibles ou les mots clés et les synonymes à utiliser.

- Balayez le texte. Votre efficacité sera proportionnelle à votre niveau de confiance.

Une des principales difficultés pour bien des lecteurs, c'est le lâcher-prise. Ils ne se font pas confiance et restent les yeux fixés sur chaque ligne du texte, de peur de perdre une information importante. Pour vous entraîner au repérage, faites les deux exercices qui suivent.

Exercice de repérage 1

Choisissez un mot de trois lettres dans le texte qui suit. Inscrivez ce mot dans votre cahier. Vous devez faire cet exercice en une minute. Partez votre chronomètre et suivez le texte en guidant votre œil avec un rythmeur. Comptez le nombre de fois où vous verrez le mot dans le texte.

Quelques conseils avant de faire cet exercice:

- Ne surlignez pas les mots.
- Ne revenez pas en arrière.
- Faites de la détente.
- Faites-vous confiance.

Refaites cet exercice deux ou trois fois, en choisissant chaque fois un mot nouveau. Vous devez, chaque fois, avoir parcouru tout le texte en une minute.

1. raz soi ses toc tri sol rap tes son ta riz rôt tôt tôt toc tac si tir tic

2. rat tri sur sot rôt rit sol tac ras tir ses sos roy sel toi ton sa ter sec tac roi

3. sot suc sos rôt soi rif suc ré ris rôt sus sur sot rôt roi ré tôt sol tes toc tas

4. rex toi sac ton tic sel si te se tas rat te sol rex sos ton raz ray sel tu

5. roi raz tic sic sos toc tôt raz sud sel sus sic se tes ré tri tub tir ré tub

6. toc ras tas sa ta tac rex son tic sic sel tir thé tu sos tri tôt ter sel roc ray

7. ré tir rap riz roi tes ta rif ter sec sud tic se sel ses te riz sos roi sûr sir

8. ray tôt rôt toi roi sus sud ray tir tas te ta toi ray thé ter sa tac roc son roc

9. soi roi sel rat roy tôt sot sol toi tac sos ras ray tes sur son ras ré sûr thé

10. ray sus tôt sol toc toi ré roc tic rôt tas ses ses ter ton suc da tir rôt suc rôt

11. tir sa rap sir rif rex sus ras ter sa tas rif rap tub rat rôt rex se si sel sûr

12. sic sud thé suc thé tu toc thé tub rex ton raz roy ris tes rit ras son sos tôt

13. sir rex sa ta ré ré ray ses soi rex suc toc sur tu toi sec sol roc suc ter

14. rif te sot toi toi sot rif sel ray tôt sir rif sec tes ris tu tôt suc roc ré tac toi

15. sos rif rat se sec sud ris roc tri ras rit sir ré se ré rex roi raz ras rap

16. ter son sud si sac sur sur ta rif roy son ré sûr ter soi raz sac ton sel rex roi

17. suc toi ta roy se tri sud tas sûr sos si tu roc ton rap sel son rit tes suc tir

18. roc sel rit roi son ses rif ta ton tac ré ses ray thé rif sud tic secs ras sud roc

19. suc si ter roc roy suc roc sûr tri ton ses rex tac sel roi rôt tu roi sol sos tic

20. ras ter tes sic sot se sep tir tes tu sos sec ton sur se tac thé rex rex sur

21. ses sos ras sol se tir sot tub rap se thé rif tu rôt tôt sir tic tic ré ré se

22. ta roc roc sec suc tri rôt sep sec sol si se sos ter roy sel toi raz sac roi sa

23. ton tas sa ton tac raz soi rit sir rat toc roy ras sir rex sir sot tes ta son

24. sec se suc soi sos ré ris ta soi si tic sot tes sel te riz raz toc roy tri

25. sir sec ré tes tic sa thé tac ton tub tu sud sir rap tôt roy tir ray sac tic

26. tas sol rat sac roi toc rif sol raz riz te sos sus rex sel sot raz roi ton tub tir

27. roc rif tri sûr rex rôt tes tu sac soi rif tic rat rap sus sot tub sur son tri rôt

28. sos sic sac ses ter tir tôt ton tu ré roc sûr tri sur sir rex raz tôt sud roc sol

29. rat toc tub sac rex sos sus tas sir se tub sur raz sac thé raz thé sud tir ton

30. rif tic sel toi roi ras ris sûr tub sol tic raz sic si raz rap tes sic sa roc sus

31. sûr ré tas sa sos sel rit raz sot tri riz sûr te ris secs riz tac tôt sur si sic

32. si ta rit roc thé roi sûr sos toi sac ta sus roi sir sol sir rap rat tas sir ses

33. toi tri son tôt ras riz soi tôt sec toc roi sec soi tes suc te tu toi soi roi

34. tôt rap ras sel sel tes te riz sos ter rex toi tes rap rif soi sûr toi roi rex riz

35. sir toc soi sot se sur sol tri te soi son tu sos sus sûr sec tub tub roi ris rôt

Inscrivez votre réponse dans votre cahier, puis vérifiez avec le corrigé qui apparaît à la page 223.

Exercice de repérage 2

Balayez rapidement le texte qui suit (variante 6, à la page 84), en guidant votre œil avec un rythmeur. Cherchez la réponse à la question suivante :

1. Quel était le nom de l'île sur laquelle se trouvait le bâtiment ?

J'y restai moi-même pendant quelques jours, répliqua Legrand. Pendant ce temps, je fis force recherches dans le voisinage de l'île de Sullivan sur un bâtiment qui devait s'appeler l'*Hôtel de l'Évêque* ; car je ne m'inquiétai pas de la vieille orthographe du mot *hostel*. N'ayant trouvé aucun renseignement à ce sujet, j'étais sur le point d'étendre la sphère de mes recherches, et de procéder d'une manière plus systématique, quand un matin, je m'avisai tout à coup que ce *Bishop's Hostel* pouvait bien avoir rapport à une vieille famille du nom de Bessop, qui, de temps immémorial, était en possession d'un ancien manoir à quatre milles environ au nord de l'île. J'allai donc à la plantation, et je renommai mes questions parmi les plus vieux nègres de l'endroit. Enfin, une des femmes les plus âgées me dit qu'elle avait entendu parler d'un endroit comme *Bessop's Castle* (château de Bessop), et qu'elle croyait bien pouvoir m'y reconduire, mais que ce n'était ni un château ni une auberge, mais un grand rocher[12].

12. Edgar Allan Poe, *Le scarabée d'or*, dans *Histoires extraordinaires*, Paris, Éditions Gallimard, coll. Folio, 1973, p. 157.

Nombre de mots : 190.

Si vous avez repéré cette réponse en 30 secondes, vous avez survolé ce texte à une vitesse de 380 mots/minute. Si vous l'avez fait en 20 secondes, votre vitesse était alors de 570 mots/minute, et en 10 secondes, elle était de 1140 mots/minute.

Refaites maintenant l'exercice deux autres fois, en cherchant la réponse à ces deux questions :

2. Quel était le nom de la famille qui possédait l'ancien manoir ?

3. Selon la dame âgée, le château de Bessop est-il un vrai château ?

L'écrémage

En langage courant, écrémer veut dire « retirer la crème du lait » et, par dérivation, « prendre ce qu'il y a de meilleur dans quelque chose ». En lecture, l'écrémage[13] va donc permettre au lecteur de prendre ce qu'il y a de meilleur pour lui dans un texte, c'est-à-dire les informations qu'il recherche. Résultat : le nombre de mots qu'il devra lire s'en trouve diminué de beaucoup, sans que sa compréhension du texte en souffre.

Si vous connaissez bien votre objectif de lecture et avez clairement évalué vos besoins d'informations, si vous pouvez en plus vous appuyer sur des connaissances antérieures, vous pourrez oublier les détails et mieux vous concentrer sur l'information à aller chercher. Votre écrémage du texte n'en sera que plus efficace.

---

13. Le mot « écrémage » est un terme emprunté aux techniques américaines de lecture rapide, *skimming*. *To skim* signifie, comme en français, séparer la crème du lait. Dans certains ouvrages, on trouve également le terme « lecture sélective ».

L'écrémage est sans doute la stratégie de lecture la plus intéressante qui soit, car elle permet au lecteur qui possède déjà des connaissances sur un sujet, d'aller chercher la substance d'un texte. De plus, un lecteur entraîné à la lecture rapide pourra presque doubler sa vitesse de lecture en utilisant cette stratégie.

Méthode

- Précisez vos attentes. Que recherchez-vous? Quel est votre objectif de lecture?
- Écrémez le texte de la façon suivante:
  a) Divisez mentalement le texte en quatre parties;
  b) Commencez par la lecture intégrale du premier quart de l'ouvrage (article, texte, livre ou document), en guidant votre œil rapidement avec un rythmeur;
  c) Poursuivez votre lecture en lisant deux lignes à la fois (voir la variante 5, à la page 83);
  d) Terminez par la lecture intégrale du dernier quart en lecture intégrale.

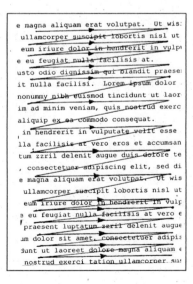

Pendant l'écrémage du texte :

- Recherchez les mots clés : noms, verbes, noms propres, nombres, termes spécifiques, de façon à dégager rapidement les idées principales dans un texte ;

- Restez attentif aux mots de liaison qui signalent un point de la pensée de l'auteur, comme *premièrement, tout d'abord, enfin*, et des phrases comme *contrairement à ce que l'on pense généralement*, etc. Ces indicateurs sont importants ;

- Passez rapidement sur les paragraphes commençant par des mots tels que *par exemple, pour illustrer ce qui vient d'être dit*.

Il ne faut pas confondre l'écrémage et la lecture en diagonale. L'écrémage est un procédé de lecture extrêmement sélectif et très enrichissant, car le lecteur doit d'abord penser et réfléchir avant de lire. Il lui permet de trouver rapidement les informations utiles et de maximiser son temps de lecture. Avec cette méthode, la vitesse globale de lecture pourra se situer autour de 800 à 1000 mots/ minute.

Exercice d'écrémage

Pour vous entraîner à l'écrémage, lisez l'article suivant qui porte sur une fleur bien particulière, l'érythrone. Avant d'en commencer la lecture, choisissez votre objectif de lecture parmi les suivants :

- Vous voulez planter des érythrones dans votre jardin, et vous aimeriez mieux connaître ce type de fleurs.

- Vous avez reçu par la poste des bulbes de cette fleur que vous aviez commandés et vous voulez savoir comment les planter.

- Vous avez des érythrones dans votre jardin et vous voulez savoir quels soins leur donner pour qu'ils conservent leur vigueur.

DES ÉRYTHRONES AU PRINTEMPS[14]

Encore trop méconnus, les érythrones, des bulbes qu'on plante à l'automne, sont superbes non seulement dans les sous-bois, leur habitat naturel, mais aussi dans nos jardins.

Les érythrones sont des plantes bulbeuses de la famille des liliacées. On en compte 15 espèces, toutes originaires de l'Amérique du Nord, à l'exception de l'érythrone dent de chien, une plante qui provient d'Eurasie.

Une plante indigène méconnue

Les érythrones qui illuminent les boisés du Québec de leur floraison au printemps sont en fait des érythrones d'Amérique (*Erythronium americanum*, zone 4), aussi appelés ail doux. Ils se caractérisent par leurs larges feuilles vert pâle, généralement tachetées de brun, et leurs fleurs jaunes, aux pétales recourbés vers l'arrière. Ils atteignent de 15 cm à 20 cm de largeur et de 20 cm à 30 cm de hauteur (fleurs comprises). Bien qu'ils soient indigènes au Québec, ils sont malheureusement peu vendus chez les détaillants de végétaux.

Des hybrides faciles à trouver

Généralement, on peut se procurer dans le commerce des hybrides de l'érythrone revolutum (*Erythronium revolutum*, zone 4). Cette plante est remarquable tant par ses fleurs rose vif au centre jaune que pour ses larges

---

14. Paru dans le magazine *Fleurs, plantes et jardins*, septembre 2003, vol. 14, n° 5, p. 45 et suiv.

feuilles, plutôt grandes pour les érythrones, plus ou moins tachetées de brun.

Permettre un bon départ

Très rustique, l'érythrone peut être facilement naturalisé. Il suffit de planter les bulbes en groupes de 15 à 50, à l'automne, dès qu'on les reçoit par la poste ou dès qu'ils arrivent sur le marché, mais il ne faut pas tarder, car ils se dessèchent rapidement. On les place alors, pointe vers le haut, à une profondeur de 10 cm et à un intervalle de 15 cm. Il n'est pas nécessaire de respecter scrupuleusement cet écart, car la plantation se fait de façon aléatoire.

Ces plantes peuvent rester en place plusieurs années et fleurir de façon continue. Les espèces indigènes se multiplient naturellement, formant ainsi de grandes étendues.

Facile à cultiver

Si on prend soin de fournir à l'érythrone ce dont il a besoin, sa culture est très facile. Il suffit de tenir compte de deux conditions : l'exposition et le sol. On doit mettre les bulbes à la mi-ombre ou à l'ombre, dans un sol riche en humus, frais et humide pendant la période de croissance, mais plus sec au cours de l'été. Comme l'érythrone redoute la sécheresse au printemps et à l'automne, il faut s'assurer que le sol où il est installé reste constamment humide durant ces périodes. Sinon, il faut l'arroser régulièrement. Une bonne méthode pour garder le sol humide et recréer les conditions du sous-bois : installer un paillis ou laisser les feuilles sur le sol à l'automne.

L'érythrone est peu sensible aux insectes et aux maladies. Seules les limaces sont parfois attirées par son feuillage tendre au printemps.

Si on le désire, on peut multiplier cette plante en la divisant, juste après que ses feuilles sont devenues sèches. Une fois la division faite, on replante l'érythrone immédiatement.

Une plante de sous-bois...

Comme il aime la mi-ombre et l'ombre pendant l'été, mais qu'il a besoin de soleil pour fleurir, l'érythrone est la plante parfaite pour les sous-bois. En effet, il fleurit avant que les feuilles apparaissent dans les arbres. Il n'existe donc pas de problème d'ombrage. Comme, de plus, il aime les sols humifères, frais au printemps et secs en été, le sous-bois est vraiment idéal pour lui.

L'autre avantage à utiliser ce petit bulbe: il n'est pas nécessaire de le planter en profondeur, il n'y a donc pas de compétition entre lui et les racines. Et si le lieu de plantation lui convient bien, il y restera pour la vie!

[...]

Dans cet article, le titre, le texte d'ouverture et les sous-titres vous fournissaient déjà de bonnes informations. Si vous songiez à acheter ces bulbes (1er objectif), vous aurez lu rapidement tout le texte (lecture d'écrémage). Si vous aviez reçu des bulbes par la poste (2e objectif), vous aurez lu rapidement tout le texte, en ralentissant la cadence pour lire plus attentivement les paragraphes sous-titrés *Permettre un bon départ*. Si vous aviez déjà planté des érythrones dans votre jardin, vous aurez écrémé l'article en vous attardant sur les paragraphes qui traitaient des soins à leur donner (3e objectif).

La lecture d'un texte utilitaire est beaucoup plus efficace quand on connaît son objectif de lecture et qu'on pratique l'écrémage.

Le survol

Le survol est une stratégie de lecture complète, qui se fait en trois étapes :

1. La reconnaissance des informations ;
2. La lecture de l'introduction et de la conclusion ;
3. Le choix de l'angle d'attaque :
   - sélection

     ou
   - lecture intégrale

     ou
   - écrémage.

Certains textes se prêtent mieux que d'autres à l'application des techniques de survol. Il s'agit généralement de textes à caractère informatif, comme les documents, les rapports, les essais. Mais cette stratégie peut se pratiquer avec presque tous les genres de textes, qu'ils soient courts (articles), longs (livres), ou encore des passages (chapitres, pages). Le survol doit toujours être adapté au contexte, aux objectifs de lecture et au temps dont on dispose.

La reconnaissance des informations

La première étape du survol, c'est la reconnaissance des informations. Il s'agit d'une étape préparatoire, d'une sorte de reconnaissance des lieux, qui permet de prévoir jusqu'à un certain point ce qu'on trouvera dans le texte. Cette étape peut exiger de trois à quinze minutes, mais elle vous permettra de gagner un temps précieux et de mieux assimiler les informations par la suite.

Le lecteur qui pratique cette première approche agit comme le ferait, du haut des airs, un chercheur désireux de comprendre rapidement la géographie d'un lieu. Si vous avez parcouru la Colombie-Britannique en voiture, par exemple, vous avez eu l'occasion de voir plusieurs hautes montagnes entrecoupées de vallons. Mais vous ne pourriez jamais savoir que cette province est traversée par trois grandes chaînes de montagnes, les montagnes Rocheuses, la chaîne Columbia et la chaîne Côtière, à moins de survoler la région en avion. C'est ce «portrait» que vous procure la reconnaissance des informations. Ce premier survol vous permettra de vous dessiner un itinéraire. Que désirez-vous visiter et de quelle façon?

Méthode

Commencez par faire un examen attentif de toutes les informations à votre disposition; elles sont généralement nombreuses. Nous mentionnerons les plus importantes:

a) Le titre de l'ouvrage. Un titre bien choisi peut déjà éclairer le lecteur;

b) L'auteur (nom, titres, diplômes, fonctions, etc.). Que savez-vous de lui? Connaissez-vous ses opinions?;

c) L'éditeur (spécialisé, généraliste);

d) Le résumé. Il apparaît au dos du livre (quatrième de couverture);

e) La date de parution. Un ouvrage sur les sciences publié en 1982 pourrait être incomplet et même désuet;

f) La table des matières. Elle donne la structure de l'ouvrage et vous permet de repérer rapidement les parties importantes pour vous. Placez immédiatement des autocollants aux chapitres que vous désirez lire intégralement ;

g) La préface. La rédaction de la préface est parfois confiée à une personne connue. Qui est-elle ? Quelles sont ses opinions ? ;

h) L'index. Il s'agit d'une sorte de petit dictionnaire qui contient les mots importants se trouvant dans le texte. Si vous y repérez des mots, des abréviations ou des sigles dont vous ignorez la signification, allez rapidement à la page de renvoi pour savoir ce dont il s'agit ;

i) La bibliographie. Connaissez-vous certains auteurs cités ? leurs opinions ?

La lecture de l'introduction et de la conclusion

La deuxième étape du survol consiste à lire l'introduction et la conclusion. Quand un document ou un ouvrage est bien écrit, cette étape permet de saisir la pensée de l'auteur, car dans la majorité des cas, l'introduction présente ses idées, sa démarche et ses objectifs, tandis que la conclusion les reprend pour faire le point.

Méthode

• Choisissez un livre ou un document que vous devez lire.

• Lisez l'introduction afin de savoir comment l'auteur traitera du sujet, quelles questions il s'est posées, pourquoi il a choisi ce thème, etc.

• Lisez ensuite la conclusion pour savoir quel est l'aboutissement de la pensée de l'auteur, vérifier s'il a répondu aux questions initiales et connaître ses propositions ou ses conclusions.

Le choix de l'angle d'attaque

La reconnaissance des informations de même que la lecture de l'introduction et de la conclusion vous ont déjà permis de récolter un nombre important de données sur le texte que vous devez lire. C'est le moment d'établir clairement ce que vous recherchez dans cet ouvrage et de choisir la meilleure façon d'y parvenir.

- L'œuvre sera-t-elle lue en entier?
- La lecture de certains chapitres est-elle moins nécessaire?

En répondant à ces questions, vous pourrez choisir votre angle d'attaque et les techniques de lecture que vous utiliserez. Vous pourrez alors décider de faire:

- une lecture sélective (certaines partie du texte seulement);
- une lecture intégrale (d'une couverture à l'autre);
- une lecture d'écrémage (survol de certaines parties, lecture intégrale de certaines autres).

Note: Procédez de la même façon pour la lecture d'un article ou de tout autre texte court et choisissez votre angle d'attaque.

Les stratégies particulières

Les stratégies suivantes se veulent une réponse à des questions bien précises qui reviennent souvent au cours des formations que je donne.

- Que fait-on avec les textes informatifs contenant des graphiques, des tableaux, des dessins, des illustrations, des appels de note?
- Que fait-on avec les termes techniques et les mots dont on ignore le sens?

- Quelle est la meilleure façon de lire les quotidiens ?

- Les techniques de lecture rapide s'appliquent-elles à la lecture à l'ordinateur ?

- Les techniques de lecture rapide n'enlèvent-elles pas le plaisir de lire un bon roman ?

Avant d'aborder ces stratégies particulières, je voudrais insister sur un point : on ne devrait jamais interrompre la lecture d'un texte soit pour vérifier la définition d'un mot dans le dictionnaire, soit pour lire un tableau, un appel de note, etc. Pendant qu'on lit un tableau ou qu'on cherche la signification d'un mot, notre attention cesse de se porter sur le sens global du texte, car notre esprit est occupé à chercher le sens d'une information trop spécifique. Quand vient le moment de reprendre la lecture, on se trouve alors contraint d'en relire certains passages pour retrouver le fil conducteur. Tous ces arrêts allongent indûment le temps de lecture et nuisent à la rétention des informations. C'est pourquoi il faut s'habituer à aller toujours de l'avant quand on lit.

Mais il y a un inconvénient plus grave encore. Pendant ces interruptions, la mémoire à court terme se vide : la rétention des informations contenues dans le texte est donc beaucoup moins grande. Par conséquent, la mémoire à long terme est moins bien sollicitée. Cette attitude va donc à l'encontre des processus de mémorisation. D'ailleurs, je reviendrai, dans la quatrième partie de ce livre, sur les principes qui sous-tendent mon propos.

Bien sûr, les informations contenues dans les tableaux et la signification des mots inconnus ne sont pas sans valeur ou sans importance. Voici maintenant comment je vous suggère de traiter toutes ces informations qui enveloppent le texte et viennent l'enrichir en précisant la pensée de l'auteur.

Les illustrations et les tableaux

Les textes informatifs, les documents, les articles et les ouvrages spécialisés contiennent généralement des illustrations, des tableaux, des graphiques, des schémas, des plans, des diagrammes qui servent principalement à expliciter les informations données dans un texte. Je vous suggère de les lire *avant* d'entreprendre la lecture d'un texte pour vous préparer mentalement à aborder le contenu. Vous serez encore mieux préparé, vous éviterez les interruptions et votre niveau de concentration sera plus élevé. Votre lecture n'en sera donc que plus efficace et rapide.

Les termes techniques

Les textes informatifs sont souvent truffés de termes techniques. La plupart d'entre eux sont longs et complexes. Pour lire des mots comme *propylèneglycol* ou *gluconolactone*, il faut s'arrêter à chaque syllabe. Les termes techniques ralentissent donc la vitesse de lecture. Si certains mots sont essentiels à la compréhension d'un texte, il faut s'y arrêter et prendre le temps de les lire, mais ces mots sont l'exception. Généralement, le contexte contient suffisamment de mots connus pour qu'on puisse poursuivre notre lecture. On devrait donc se contenter de souligner ou de noter ces mots au passage, quitte à en chercher la signification plus tard.

Les mots inconnus

Tous les écrits contiennent des mots inconnus. Or, lorsqu'on bute sur un mot, on a souvent le réflexe d'aller immédiatement en chercher la signification. Mais le recours au dictionnaire pendant une lecture devrait être réservé à la recherche des mots dont la signification est essentielle à la compréhension d'un texte.

Comme pour les termes techniques, le contexte fournit généralement assez d'indices pour qu'on puisse comprendre le sens

125

de la phrase. D'ailleurs, chacun de nous en a fait l'expérience : quand un lecteur s'arrête pour nous demander la signification d'un mot, on le prie généralement de nous lire la phrase dans laquelle ce mot se trouve.

On devrait donc se contenter de souligner au passage les mots inconnus ou de faire un crochet dans la marge, et d'en chercher la signification plus tard, afin de conserver un niveau constant de concentration.

Suggestion

Quand vous chercherez ces mots, notez leur définition dans la marge. En procédant de cette façon, vous réactiverez votre mémoire chaque fois que vous reviendrez sur ce passage.

Les appels de note

Les appels de note servent à ajouter des informations sans surcharger un texte. S'ils étaient inclus dans les paragraphes, ils viendraient alourdir le contenu. On peut en distinguer trois types :

- Les références bibliographiques, qui indiquent qu'un passage est tiré d'un ouvrage, ou qui renvoient le lecteur à un auteur qui a étudié la question ;

- Les explications supplémentaires, les faits vécus et les anecdotes, qui ne sont pas essentielles à la compréhension du sujet, mais lui confèrent une certaine couleur ;

- Les informations techniques additionnelles, qui s'adressent généralement aux spécialistes et viennent donner un poids supplémentaire aux affirmations avancées par l'auteur.

Les appels de note ne sont pas essentiels à la compréhension d'un texte. On devrait donc les traiter comme les schémas et les tableaux, et les lire *avant* d'entreprendre la lecture d'un ouvrage.

La lecture à l'ordinateur

Selon certaines recherches, les gens passent, en moyenne, 60 % de leur temps de travail devant leur écran. Il est vrai que de nos jours, une grande partie du travail se fait à l'ordinateur. De plus, Internet et le courriel font maintenant partie de nos réalités quotidiennes.

La lecture à l'écran pose différents problèmes.

1. La largeur d'un écran d'ordinateur est bien supérieure à celle d'un livre. Les textes qui y sont présentés contiennent plus de mots par ligne, généralement entre 13 et 18 mots, en caractères Times et en 12 points, alors que les livres n'en comptent, en moyenne, que 8 à 10 par ligne. Or, plus un texte est large, plus le passage de l'œil d'une ligne à l'autre prend de temps et plus il est risqué que l'œil s'égare. D'ailleurs, chez un même individu, la vitesse de lecture est de 20 % à 30 % inférieure à l'écran.

2. Les yeux fournissent un plus grand effort pour lire. Les écrans sont lumineux, éblouissent et scintillent. De plus, leur capacité de résolution est très inférieure à celle de l'encre noire sur du papier blanc. Ces éléments sont la cause du stress oculaire et de la fatigue que ressentent plusieurs lecteurs.

Puisque nous devons scruter nos écrans pendant des heures chaque jour, il nous faut donc chercher à minimiser, autant que possible, les désagréments que cette pratique occasionne et trouver le moyen de lire rapidement. Voici donc quelques conseils pour faciliter la lecture à l'ordinateur.

1. Avec votre souris, déplacez le curseur de gauche à droite en suivant les lignes du texte – il remplacera le rythmeur. Avec

votre autre main, appuyez sur la touche « En bas » (ou *Page Down*) pour faire dérouler le texte au rythme de votre lecture. (N'utilisez pas la souris pour faire dérouler le texte.)

Note : À elle seule, cette pratique permet de pallier presque complètement tous les problèmes que cause généralement la lecture à l'ordinateur. Les lecteurs entraînés à la lecture rapide en viennent à lire presque aussi rapidement à l'écran que lorsqu'ils se trouvent devant un texte imprimé.

2. Soignez votre éclairage. Celui-ci doit être le plus possible uniforme. Un mauvais éclairage peut entraîner un ralentissement pouvant aller jusqu'à 50 % de votre rythme de lecture.

3. Diminuez la largeur du texte. Déplacez les marges pour avoir des lignes d'une largeur de 10 centimètres au lieu de 15.

4. Lorsque vous interrompez votre lecture, faites rapidement travailler vos yeux en regardant des objets situés à des distances variables. Ce changement de focalisation contribue à reposer l'œil.

Suggestion

On recommande de placer votre écran d'ordinateur dos à la pièce plutôt que dos au mur. De cette façon, vous ferez face à un espace ouvert. Quand vos yeux quitteront l'écran, ils feront naturellement des ajustements en regardant les objets éloignés et ceux rapprochés. Si vous devez absolument placer votre table de travail contre le mur, installez alors un miroir. En regardant les objets éloignés qui s'y reflètent, vos yeux feront les mêmes mouvements de va-et-vient.

5. Faites des pauses régulièrement. Quand vos yeux sont fatigués, pratiquez l'exercice du *palming*.

La lecture des quotidiens

La plupart des gens lisent le journal tous les jours, mais bien peu le lisent en entier. D'ailleurs, le nombre de mots contenus dans un quotidien est beaucoup trop grand. Une seule page d'un journal remplirait plusieurs pages d'un livre. Il faut donc avoir recours à certaines stratégies de lecture.

Pour ma part, j'utilise le plus souvent l'écrémage qui me semble convenir à la lecture des quotidiens mieux que toute autre stratégie. En effet, les textes sont toujours disposés en colonnes et chaque ligne ne contient guère plus de sept ou huit mots. Notre œil peut donc ne faire que deux sauts par ligne, un à gauche et un à droite, et même n'en faire qu'un, en suivant verticalement le centre de la colonne et en guidant l'œil avec un rythmeur. Dans le cas des journaux, il est préférable d'utiliser un rythmeur autre que l'index à cause de l'encre d'imprimerie.

Un autre avantage des quotidiens : ils concernent généralement des faits ou des événements sur lesquels nous possédons déjà quelques informations. Notre bagage de connaissances nous permet donc de lire encore plus rapidement, puisque nous ne cherchons qu'à trouver des informations nouvelles, différentes de celles que nous avons déjà.

La lecture des revues et des magazines

Les mêmes principes s'appliquent à la lecture de revues ou de magazines. Les textes étant généralement disposés en colonnes, le lecteur peut les parcourir plus rapidement. Mais là s'arrête la comparaison. Certaines revues spécialisées présentent souvent des articles de fond dont le contenu est beaucoup plus dense que celui qu'on présente dans les journaux. De plus, les articles publiés dans les revues et les magazines sont généralement plus longs que ceux paraissant dans les journaux. Enfin, on dispose de plus de temps pour lire une revue ou un magazine que pour lire les journaux qu'on consomme généralement la journée même.

Voici donc quelques conseils pour faciliter la lecture des revues ou des magazines.

• Consultez la table des matières et choisissez les articles qui vous intéressent vraiment. S'il vous reste du temps, revenez sur les articles qui vous intéressaient moins.

• Les articles de magazines sont généralement bien construits. Lorsque vous en commencez la lecture, parcourez rapidement le premier paragraphe qui annonce le contenu de l'article, et le dernier paragraphe qui le résume.

• Revenez au centre et pratiquez l'écrémage.

• Découpez les articles que vous n'avez pas le temps de lire et placez-les dans un porte-documents que vous emporterez avec vous lorsque vous prévoyez un temps d'attente chez le dentiste ou chez votre garagiste, par exemple.

La lecture de romans

Quand je donne une formation en lecture rapide, les gens ont souvent l'impression que ces techniques vont les priver du plaisir de lire. Certains me disent : « Je ne vois pas à quoi ça pourrait me servir : je ne suis pas intéressé à traverser les pages d'un livre à la vitesse de l'éclair. » Là n'est pas le but de l'exercice. Pour moi, tout ce qu'on a vu jusqu'à maintenant n'est absolument pas incompatible avec l'amour de la lecture.

Il y a, bien sûr, une différence entre un roman et un écrit à caractère informatif. Nos besoins et nos attentes sont différents. On aura donc recours à d'autres approches suivant qu'on aborde un texte technique dans le cadre d'un travail (essai, document, rapport) ou qu'on se prépare à dévorer les pages d'un récit écrit par un auteur dont on admire le style.

Prenons un exemple tiré du roman de Fred Uhlman, *L'ami retrouvé*[15].

Il entra dans ma vie en février 1932 pour n'en jamais sortir. Plus d'un quart de siècle a passé depuis lors, plus de neuf mille journées fastidieuses et décousues, que le sentiment de l'effort ou du travail sans espérance contribuait à rendre vides, des années et des jours, nombre d'entre eux aussi morts que les feuilles desséchées d'un arbre mort.

Je m'accorde souvent le droit de relire certains passages comme celui que nous venons de lire, pour savourer la beauté des phrases, me laisser porter par la pensée de l'auteur. Mais quand je fais une relecture, ce n'est pas parce que j'étais absent, rêveur. Je le fais pour mon propre plaisir! L'habitude de guider mon œil avec un rythmeur et de lire à une cadence soutenue – cadence qui sera plus lente pour la lecture d'un roman, bien sûr – me permet de rester absorbé dans mes lectures, sans sombrer dans la rêverie. J'aime m'évader dans la lecture d'un roman et non pas m'évader dans «un ailleurs incertain», à des kilomètres du livre que je lis.

---

15. Fred Uhlman, *L'ami retrouvé*, Paris, Éditions Gallimard, coll. Folio, p. 13.

Résumé

Les stratégies de lecture sont des procédés qui permettent au lecteur d'aller chercher rapidement les informations dont il a besoin, sans nécessairement faire la lecture intégrale d'un texte.

Il y a trois stratégies de lecture extrêmement efficaces : le repérage, l'écrémage et le survol.

Le repérage permet de découvrir rapidement un renseignement précis, une date, un chiffre, un nom, etc.

L'écrémage permet de capter ce qui est important, nouveau ou intéressant dans un texte. Ce procédé sera plus efficace si le lecteur connaît bien son objectif de lecture et maîtrise le sujet.

Le survol est une stratégie plus complète qui se fait en trois temps : la reconnaissance des informations, la lecture de l'introduction et de la conclusion, et, enfin, le choix de l'angle d'attaque.

On ne devrait jamais interrompre une lecture pour vérifier la définition d'un mot, lire un tableau ou un appel de note, etc. Ces interruptions entraînent une baisse du niveau de concentration et vident la mémoire à court terme des informations qu'elle avait temporairement emmagasinées.

On peut pallier presque tous les problèmes que cause généralement la lecture à l'ordinateur en déplaçant le curseur de gauche à droite avec la souris et en utilisant la touche « En bas » (ou *Page Down*) pour faire dérouler le texte. Les lecteurs entraînés à la lecture rapide sur papier en viennent à lire presque aussi rapidement à l'ordinateur en suivant cette méthode.

Les techniques de lecture rapide ne privent pas le lecteur du plaisir de lire, au contraire. Elles lui permettent de savourer davantage les pages d'un roman, car au lieu de s'évader dans cette sorte de rêverie qu'entraîne la lecture lente, il peut rester présent, attentif, et s'évader « dans sa lecture ».

Chapitre 6

Comment gérer l'information écrite au travail ?

Seules les heures n'augmentent pas

La production de textes écrits, de livres, de documents, de courriels, de journaux, de magazines et de sites Web n'a cessé de croître au cours des dernières décennies. Selon des chercheurs de l'Université de Berkeley, il se créerait environ 7, 3 millions de nouvelles pages Web chaque jour. Le nombre de documents contenus sur Internet s'élèverait à plus de 550 milliards !

Cette abondance de l'écrit a des répercussions sérieuses dans le monde du travail. Les lectures qu'on doit faire pour se tenir informé, pour connaître les recherches dans son domaine, les produits de ses concurrents et les travaux qui se publient, pour savoir ce qui se passe dans l'entreprise même, toutes ces lectures font partie de nos jours du travail quotidien. Pour beaucoup de gens, les heures consacrées à la lecture constituent une partie importante de leur emploi du temps. Seules les heures n'augmentent pas !

Remettre à plus tard
n'est pas une solution

On a parfois tendance à accumuler les lectures en pensant qu'on aura demain le temps de lire ces informations qui, souvent, nous intéressent beaucoup. Pourtant, on y revient rarement. Des études ont en effet démontré que l'information écrite qui n'est pas lue dans les 72 heures qui suivent, ne sera probablement jamais lue.

On se sent souvent coupable devant ces piles qui s'accumulent, ces papiers qu'on devrait lire, ces magazines à peine ouverts, les demandes des collègues : « Lis donc ceci, tu m'en donneras des nouvelles. » Nous lisons de plus en plus, sans jamais avoir l'assurance de voir le fond du panier. Mais est-ce vraiment possible de s'acquitter de toutes ces obligations ? Mieux vaut sans doute regarder les choses autrement et éviter de traîner avec soi un sentiment d'insatisfaction constant.

L'abondance d'informations écrites est un phénomène nouveau. Jusqu'à tout récemment, elles étaient très rares et beaucoup moins accessibles. De ce fait, les gens portaient à toute forme d'écrit une sorte de respect, d'attachement. « Les paroles s'envolent, les écrits restent », disait-on, et ils restaient ! On ne cherchait jamais à s'en défaire, on ne se sentait jamais submergé. Aujourd'hui, la situation est bien différente. La rareté n'existe plus. D'un magazine à l'autre, d'un livre à l'autre, les informations se recoupent, les choses sont écrites et réécrites. C'est l'abondance. L'encyclopédie volumineuse qui ornait les bibliothèques de nos grands-mères a été remplacée par d'intangibles encyclopédies sur Internet, qu'on met à jour constamment. Le défi de l'homme moderne n'est plus de se procurer de l'information écrite, mais de trouver le temps de la lire. Dans ce contexte, la gestion de l'information constitue une compétence qu'il est essentiel d'acquérir.

Lire rapidement n'est pas une panacée à tous nos maux

Bien sûr, la lecture rapide peut nous aider à régler une partie de ce problème. Mais lire rapidement ne résout la question que partiellement. Pour contrôler le flot d'informations écrites qui nous parviennent chaque jour, il faut se donner des outils de gestion. C'est pourquoi je vous donnerai ici quelques notions de gestion du temps que vous pourrez appliquer à vos lectures. Il s'agit de notions simples mais essentielles.

Apprenez à évaluer votre charge de lecture

Qui dit gestion dit évaluation, choix et stratégies. Pour gérer sa charge de lecture, il faut d'abord l'évaluer, la quantifier en nombre d'heures requises. Au moment d'aborder ce point, il me revient en mémoire une anecdote que j'aimerais vous raconter. Je donnais une formation à des participants travaillant dans une institution financière. Quelqu'un m'a demandé combien de temps de lecture quelqu'un doit accorder par jour à des informations sur la finance, aux procédures internes et aux mises à jour des différents programmes. Je lui ai répondu par une question : « Combien de mots doit-il lire chaque jour ? » Ma réponse, bien sûr, n'a satisfait personne. Pourtant, c'est une question de « gros bon sens », et il existe un moyen très simple de quantifier ses lectures. Sans cette mesure, on ne peut pas calculer de budget « temps » ni gérer l'information écrite.

L'exercice que je vous propose de faire maintenant vous aidera à quantifier votre charge de lecture. Il ne s'agit pas de chiffrer précisément le nombre de mots à lire dans une journée ou une semaine, mais plutôt d'utiliser une méthode de calcul qui permet d'avoir une idée assez exacte de votre charge de lecture. Vous pourrez ainsi mieux gérer vos lectures non seulement en planifiant le temps requis pour les faire, mais aussi en choisissant les stratégies de lecture les plus efficaces (survol, écrémage, lecture intégrale) suivant le type de texte à lire et l'utilisation que vous devez en faire au travail. Je tiens tout de suite à vous rassurer : il s'agit d'un exercice qu'on ne fait qu'une fois. Vous n'aurez donc pas à le refaire chaque jour ou chaque semaine. Par contre, si vous le faites une fois, cet exercice vous permettra de développer une perception presque immédiate de la somme de travail reliée à la lecture d'un texte quand vous l'avez entre les mains.

Première étape

Asseyez-vous à votre table de travail et rassemblez les lectures que vous avez à faire : documents, rapports, lettres, etc. Assurez-vous d'avoir en main l'équivalent de votre charge de lecture pour une semaine si c'est possible ou, à tout le moins, pour une journée. N'oubliez pas d'inclure les lectures que vous devez faire à l'écran, les journaux et les magazines. Cela pourra vous sembler fastidieux, mais l'exercice est très bénéfique, vous verrez.

Évaluez maintenant, de la façon la plus précise possible, le nombre de mots contenus dans chaque type de texte. Il ne s'agit pas de compter tous les mots de toutes les pages : ne comptez que les mots d'une page, puis multipliez ce nombre par le nombre de pages que contient le document. Indiquez ensuite ce nombre sur des autocollants que vous placerez sur vos différents documents.

Pour compter le nombre de mots par page, vous pouvez vous reporter à la méthode de calcul proposée à la page 22. Pour vous faciliter la tâche, nous avons calculé pour vous le nombre de mots contenus dans les textes écrits en caractères Times, 12 points. Il s'agit des caractères les plus souvent employés en entreprise.

- Une page, format lettre, à simple interligne, contient environ 500 mots.

- Une page, format lettre, à interligne et demi, contient environ 350 mots.

- Une page, format lettre, à double interligne, contient environ 250 mots.

- Une page, format légal, à simple interligne, contient environ 700 mots.

- Une page, format légal, à interligne et demi, contient environ 450 mots.

- Une page, format légal, à double interligne, contient environ 350 mots.

Dans le cas des magazines, le nombre de mots par page peut varier considérablement de l'un à l'autre. Pour en faire le compte, prenez une page au hasard et calculez le nombre de mots contenus dans cette page. Faites maintenant le total de tous les mots que vous avez à lire. (Attention : vous risquez de tomber en bas de votre chaise !)

Deuxième étape

Reprenez tous vos textes et répartissez-les en fonction des stratégies de lecture que vous comptez utiliser. Regroupez les textes dont vous ferez une lecture intégrale et ceux pour lesquels vous utiliserez une stratégie de lecture (le repérage, l'écrémage ou le survol). Quand c'est fait, vous êtes prêt à calculer votre temps de lecture.

Pour les textes dont vous ferez la lecture intégrale, divisez le total de mots à lire par 400 mots /minute ou par votre vitesse de lecture.

Pour l'écrémage et le survol, multipliez votre vitesse de lecture par 1,5 et divisez le total de mots à lire par ce nombre. Si votre vitesse de lecture est de 450 mots/minute, par exemple, vous obtiendrez alors 675 mots /minute. Vous diviserez donc le total de mots à lire par 675.

Faites le calcul et inscrivez le temps nécessaire pour vous acquitter de votre charge quotidienne de lecture.

Cet exercice – qui ne sera pas répété – vous aura permis d'évaluer d'une façon beaucoup plus réaliste qu'avant votre charge de lecture. Comment s'inscrit-elle dans votre emploi du temps ? Pensez-vous pouvoir y arriver ? Si c'est trop, vous devrez apprendre à être plus sélectif. Quelles lectures pouvez- vous accepter de faire et lesquelles devriez-vous refuser ? Vous vous devez de faire ces choix. Si vous avez une heure par jour pour effectuer vos lectures, vous devrez faire en sorte de n'avoir pas plus d'une heure de lecture à faire.

Puisqu'on parle d'être sélectif, permettez-moi de vous raconter une anecdote. Je donnais une formation en gestion du temps et je connaissais l'une des participantes, car elle avait assisté à mon cours en lecture rapide quelque temps auparavant. Au moment des présentations, elle a dit : « Vous vous souvenez de nous avoir dit d'être sélectifs dans nos lectures ? Eh bien, je l'ai été. J'ai annulé les trois quarts de mes abonnements à des magazines et j'ai déjà rentabilisé mon cours ! »

Regroupez vos lectures

Maintenant que vous avez une meilleure idée de votre charge de lecture, j'aimerais introduire un principe de gestion relié directement à la gestion du temps de travail : celui de l'efficacité du regroupement des tâches.

Ce principe a été élaboré et popularisé par l'ingénieur américain Frederick Winslow Taylor, au début du XXe siècle. Le taylorisme, comme on l'a appelé par la suite, introduisait la notion d'efficacité basée sur le travail en continu dans les usines, c'est-à-dire la division du travail en tâches simples et répétitives, de façon à produire plus avec la même quantité d'heures de travail. La répétition d'une même tâche permet, en effet, de garder un niveau de concentration plus élevé et de réduire le «temps de mise en place», un terme cher au management scientifique.

Lorsqu'on parle de lecture, le temps de mise en place n'est évidemment pas celui dont on a besoin pour prendre et ouvrir un livre ou un document, mais de «préparation mentale». Avant d'entreprendre une lecture, on commence déjà à y penser, notre attention se porte sur le sujet qu'on va explorer. Quand on commence à lire, notre niveau de concentration augmente petit à petit pour atteindre son sommet au bout de quatre ou cinq minutes. L'efficacité est alors très grande.

Il faut regrouper nos lectures et consacrer un temps précis pour les faire en continu. Si on fait de courtes lectures de dix minutes plusieurs fois par jour, il faudra procéder chaque fois à une nouvelle «mise en place», c'est-à-dire à une nouvelle préparation mentale. Ces dix minutes ne sont donc pas très rentables, puisque le temps de mise en place en lecture peut prendre entre cinq et sept minutes. Selon Kerry Gleeson[16], de l'Institute for Business Technology (IBT), le fait d'effectuer des tâches de même nature permet d'augmenter de deux fois et demie son efficacité et sa productivité.

Évitez les interruptions

Bien que les travaux de Taylor visaient à augmenter la productivité dans les usines, ceux-ci ont été repris et appliqués beaucoup plus largement par la suite. En Suède, dans les années 1950, le professeur Sune Carlson a tenté d'appliquer ces principes au travail

---

16. Kerry Gleeson est le fondateur d'IBT (Institute for Business Technology), une société-conseil spécialisée dans les problèmes d'augmentation de la productivité et d'efficacité du personnel administratif.

de bureau. Lui et son équipe ont donc entrepris de «chronométrer» le travail des dirigeants. Cette étude leur a permis de constater qu'un dirigeant se faisait interrompre, en moyenne, toutes les vingt minutes. Soit dit en passant, des études plus récentes indiquent que ce temps est passé de vingt à quinze minutes un peu partout dans le monde. On connaît depuis la loi de Carlson : «Faire un travail en continu prend moins de temps que de le faire en plusieurs fois.», que ce soit dans une usine ou un bureau.

Les interruptions entraînent toujours des pertes de temps sérieuses. À ces pertes de temps s'ajoutent les pertes d'informations. En effet, pendant que nous lisons, notre mémoire à court terme (mémoire de travail) emmagasine un certain nombre d'informations recueillies dans le texte. Or, le temps de rétention de la mémoire à court terme est très court, comme nous le verrons dans le prochain chapitre. À chaque interruption, les éléments contenus dans la mémoire à court terme s'effacent ; bref, elle se vide. Résultat : le lecteur devra bien souvent relire deux ou trois paragraphes pour aller rechercher les informations qu'il vient d'oublier.

L'explosion des télécommunications au cours des trente dernières années a fait en sorte que chacun d'entre nous est beaucoup plus sollicité qu'avant. En 1970, environ 20 % des employés d'une entreprise étaient en contact avec l'extérieur ; aujourd'hui, on parle de 80 % à 90 %. Les communications qu'on envoie ou qui nous viennent d'un peu partout font que nous nous faisons «zapper» – le terme est à la mode – à toute heure du jour.

Plus un travail demande de la concentration – et c'est le cas de la lecture –, plus la loi de Carlson s'applique. Ce qui revient à dire qu'il vous faudra beaucoup plus de temps pour lire un document si vous interrompez votre lecture toutes les dix minutes que si vous faites cette lecture en continu pendant une heure.

Il est donc essentiel de regrouper vos lectures et de leur consacrer un temps précis, planifié d'avance, le plus possible à l'abri des interruptions. Ce conseil à lui seul, même sans les techniques de lecture rapide, pourrait vous permettre de doubler votre efficacité en lecture.

Note : Lorsque vous lisez, assurez-vous de toujours avoir en main un crayon pour prendre des notes dans la marge ou pour souligner un passage important. Après votre lecture, indiquez sans attendre vos décisions et les actions à prendre. Ne vous fiez pas seulement à votre mémoire.

Les cycles d'énergie et la séquence idéale

Voici deux principes de gestion du temps qui influencent notre rendement : les cycles d'énergie et la séquence idéale.

Les cycles d'énergie

Notre niveau d'énergie varie durant la journée. Par moments, nous nous sentons en pleine forme et à d'autres, nous ne pensons qu'à faire une bonne sieste. C'est ce qu'on appelle les cycles d'énergie. Certaines personnes sont «du matin», c'est-à-dire qu'elles sont plus productives à ce moment-là. Les heures de la matinée sont des moments où elles débordent d'énergie, et cette énergie baisse à mesure que s'approche l'heure du dîner. D'autres personnes sont «de l'après-midi» ou «du soir». Soit dit en passant, la majorité des gens seraient du matin.

Il vaut donc mieux planifier les activités qui demandent beaucoup d'énergie (physique ou mentale) au moment de la journée où nous sommes au sommet de notre forme. Or, la lecture est une activité à très haute exigence cérébrale. Il est alors préférable de la pratiquer au moment où notre cycle d'énergie est à son meilleur afin de faciliter nos besoins de concentration et de compréhension.

La séquence idéale

On a vu qu'il valait mieux travailler de façon continue que d'interrompre un travail plusieurs fois. Toutefois, il faut savoir que l'énergie qu'on dépense en faisant un travail va en déclinant. Idéalement, on devrait toujours interrompre une activité intense après une heure ou une heure et demie de travail; c'est la durée de temps idéale pour s'adonner à nos lectures. Passé ce laps de temps, l'intérêt et le niveau de concentration baissent et on devient moins efficace. Il importe donc de ne pas dépasser ce seuil. Si vous avez réservé plusieurs heures pour faire la lecture d'un texte important, faites une pause toutes les heures et détendez-vous en bougeant et en prenant de grandes respirations.

Lire au travail

Le fait de lire au travail est souvent mal vu par nos collègues ou le patron qui préfèrent nous voir bouger sous le feu de l'action. Même sans le jugement des autres, on peut se sentir mal à l'aise de lire. Pourquoi avons-nous l'impression que lire n'est pas vraiment travailler? Peut-être parce que les résultats de ce travail ne sont pas immédiats. Mais à long terme, ils portent leurs fruits, car la lecture est un moyen privilégié de s'informer et de se former.

Depuis que les moyens de communication parlés – émissions de radio et de télévision, conférences, films – se sont multipliés, on a souvent l'impression de pouvoir se renseigner suffisamment sans lire. Mais le volume d'informations qu'on peut récolter en écoutant est bien inférieur à celui qu'on peut amasser en lisant. En effet, la production maximale de mots à l'oral (il faut bien laisser à l'orateur le temps de reprendre son souffle!) n'est que de 7200 mots/heure (120 mots × 60 minutes), alors qu'un lecteur entraîné peut facilement lire entre 24 000 à 42 000 mots/heure (si sa vitesse de lecture se situe entre 400 et 700 mots/

minute). Ce volume augmente encore quand il connaît et utilise des stratégies de lecture active, comme le survol et l'écrémage. Un bon lecteur pourra recueillir, dans le même laps de temps, au moins trois fois plus d'informations qu'un auditeur.

La supériorité de l'écrit sur l'oral est incontestable : il s'agit du moyen le plus efficace d'acquérir des connaissances. C'est pour cette raison que l'écrit continue d'occuper une place privilégiée dans nos sociétés.

Résumé

Évaluez votre charge de lecture. Quand vous saurez combien de temps vous devez consacrer chaque jour à la lecture de documents, de lettres, de courriels, de quotidiens, etc., vous pourrez établir votre budget « temps » et faire des choix avisés.

Regroupez vos lectures et réservez un temps précis pour les faire. Notez cette tâche dans votre agenda comme vous le faites pour les autres. Le fait d'effectuer pendant un certain temps des tâches de même nature permet de doubler votre efficacité et votre productivité.

Soyez sélectif. Vous ne pouvez pas tout lire !

Lisez dans le calme et efforcez-vous de diminuer les stimulations extérieures (et intérieures !).

Tenez compte de votre cycle d'énergie et utilisez vos meilleures périodes pour vos lectures. Entreprendre une lecture quand on est fatigué ne donne pas les résultats escomptés.

Évitez de prolonger au-delà d'une heure (au plus une heure et demie) un travail intellectuel exigeant comme la lecture. Par exemple, prenez des pauses toutes les heures, détendez-vous. Votre esprit sera plus alerte par la suite.

Mettez vos réticences de côté. Si vous avez des lectures à faire au travail, faites-les sans vous sentir coupable. Les écrits sont une très grande source d'enrichissement. Votre travail n'en sera que meilleur.

Un bon lecteur peut recueillir trois fois plus d'informations qu'un auditeur dans le même laps de temps.

4e
partie

Chapitre 7

Comment fonctionnent les mécanismes de la mémoire?

Nous avons parlé de la mémoire à quelques reprises et nous vous avons expliqué brièvement pourquoi un lecteur rapide retenait plus d'informations qu'un lecteur lent. Nous verrons maintenant plus à fond comment fonctionnent les mécanismes de rétention de l'information en lecture.

Le fonctionnement de la mémoire nous est maintenant mieux connu grâce aux recherches en neurologie et en psychologie. On distingue généralement trois niveaux de mémoire ou trois étapes dans l'acheminement des données: la mémoire perceptive, la mémoire à court terme et la mémoire à long terme.

La mémoire perceptive

Le premier niveau de la mémoire est celui de la mémoire perceptive, appelé également mémoire sensorielle ou mémoire immédiate. C'est là que nous parviennent toutes les informations communiquées par nos cinq sens: les bruits, les odeurs, les mouvements, les mots, etc. L'arrivée de ces informations sensorielles se fait constamment. Elles sont donc beaucoup trop nombreuses pour que le cerveau puisse toutes les traiter.

Les seules informations sensorielles qui seront conservées sont celles sur lesquelles se porte notre attention ; les autres seront rapidement éliminées. L'attention se manifeste donc au tout début du processus de perception des informations. Ainsi, s'il se produit un bruit sec et soudain au milieu de tous les bruits ambiants dans une ville, c'est celui-là qu'on entendra clairement et distinctement, sans prendre conscience des autres bruits, car notre attention s'est portée sur lui. Elle aura éliminé tous les autres. L'attention agit comme une sorte de filtre qui ne laisserait passer que les informations jugées utiles ou intéressantes. Il y a donc une forme d'analyse et de discrimination préconsciente qui se fait au niveau de la mémoire.

L'attention est toujours en action. D'instant en instant, elle fait l'analyse des informations sensorielles qui lui parviennent, à la recherche de celles que le cerveau devrait retenir. Celles-là iront se loger dans la mémoire à court terme où elles parviendront au niveau de la conscience ; les autres s'effaceront. C'est ce mécanisme qui évite les surcharges au cerveau.

Voici un exemple. Supposons que le temps est venu pour vous de planifier vos vacances. Il n'y a rien d'urgent, mais vous vous demandez, par moments, quoi faire avec votre famille l'été prochain. Votre journée de travail est terminée et vous êtes en route vers votre domicile. Pendant que vous roulez, votre œil, qui analyse toutes les stimulations visuelles environnantes – les autres voitures, les cyclistes, le paysage –, aperçoit soudain sur un panneau publicitaire des images de vacances de rêve à l'Île-du-Prince-Édouard. Votre attention se fixera, pendant quelques instants, sur ces images, et votre mémoire perceptive retiendra ces informations qu'elle enverra à votre mémoire à court terme.

Les informations contenues dans la mémoire perceptive ont une durée de vie extrêmement courte, soit quelques secondes et souvent moins. Si vous cherchez, par exemple, un numéro de téléphone dans l'annuaire, votre mémoire perceptive ne retiendra que le numéro qui vous intéresse. Aussitôt composé, ce numéro s'effacera de votre mémoire.

Cette question de courte durée a un impact sur la lecture. Il faut qu'un lecteur parvienne assez rapidement aux derniers mots d'une phrase pour que les premiers mots de celle-ci soient encore dans la mémoire perceptive. De cette façon, la mémoire perceptive pourra attribuer un sens à cette phrase. C'est le sens d'une phrase que la mémoire perceptive retient, et non pas chacun des mots d'une phrase.

Si la lecture est trop lente, les premiers mots s'effaceront et le lecteur devra relire la phrase à partir du début pour en découvrir le sens. C'est ce qui explique que les enfants, quand ils apprennent à lire, mettent un certain temps avant de comprendre ce qu'ils lisent. Même s'ils reconnaissent chacun des mots de la phrase, leur débit est trop lent pour que leur mémoire perceptive trouve le sens de la phrase.

La mémoire à court terme

Le deuxième niveau de la mémoire est celui la mémoire à court terme, appelé aussi mémoire de travail. C'est là que sont traitées, consciemment cette fois, toutes les informations sensorielles que la mémoire perceptive a retenues. Si le cerveau considère une information comme importante, elle ira rapidement se loger dans la mémoire à long terme. Si le cerveau ne lui attribue aucune valeur, il ne fera aucun effort pour la conserver et elle s'effacera rapidement de la mémoire à court terme pour faire place aux nouvelles informations sensorielles que la mémoire perceptive continue de lui faire parvenir.

Cette discrimination se fait très rapidement, car la durée de rétention de la mémoire à court terme est de l'ordre de quelques secondes à quelques minutes. De ce fait, ses capacités de stockage sont très limitées : elle ne peut contenir que de cinq à neuf éléments en même temps. Les informations qui y séjournent momentanément doivent donc céder la place rapidement aux nouvelles informations qui arrivent.

Les informations qui vont se déposer dans la mémoire à long terme sont celles auxquelles on reconnaît consciemment une utilité ou un intérêt. Prenons encore une fois un exemple. Quand les pompiers font une simulation et demandent aux gens d'évacuer un édifice, ceux qui ont déjà été victimes d'un incendie sont beaucoup plus réceptifs que ceux qui s'imaginent que ces choses-là n'arrivent qu'aux autres. Pour les premiers, chaque consigne revêt un caractère concret, et leur mémoire à court terme transfère immédiatement chaque information dans la mémoire à long terme, afin qu'ils puissent les retrouver en cas de feu. Pour les seconds, ces informations ont peu d'importance et comme ils ne voient pas consciemment à quoi ça pourrait leur servir, leur mémoire à court terme les évacue rapidement. D'ailleurs, durant un exercice d'évacuation, les gens résidant au troisième étage d'un triplex sont beaucoup plus réceptifs aux conseils des pompiers que ceux demeurant au rez-de-chaussée !

Le traitement des informations est intimement relié aux notions d'utilité et d'intérêt. Or, pour évaluer l'utilité ou l'intérêt d'une information, il faut avoir certaines connaissances préalables ou avoir fait des expériences pertinentes (comme c'était le cas des gens ayant été victimes d'un incendie). Résultat : plus nous avons amassé de connaissances et d'expériences, plus les nouvelles informations que nous recevons ont de chances d'être acheminées vers la mémoire à long terme. L'inverse est également vrai : une information nouvelle, dénuée de liens avec ce que nous connaissons ou ce que nous avons déjà expérimenté, a peu de chances d'être retenue.

La mémoire à long terme

La mémoire à long terme est une sorte d'immense réservoir où sont stockées pour une longueur de temps variable – ce peut être une heure et même toute une vie – toutes les informations qui pourraient un jour nous servir. Si vous pouvez lire un texte aujourd'hui, par exemple, c'est parce l'alphabet, la structure des phrases dans votre langue, la fonction des mots (sujet, verbe, etc.) sont déjà emmagasinés dans votre mémoire à long terme. À preuve, même si vous savez lire, vous serez incapable de décrypter un texte écrit en caractères cyrilliques.

La capacité de rétention de la mémoire à long terme est illimitée. On peut y stocker dix nouvelles données par seconde, tout au long d'une vie, ce qui équivaut à un potentiel de 600 données/minute ou de 360 000 données/heure. Pour une durée moyenne de vie, un cerveau humain a une capacité de stockage supérieure à 100 millions de milliards de données ! Pour en donner une image plus concrète, disons qu'une mémoire moyenne, à l'âge adulte, est capable d'emmagasiner une quantité d'informations 500 fois supérieure à celle contenue dans la collection complète de l'*Encyclopedia Universalis*. Et dire qu'on se plaint de notre manque de mémoire !

On ne peut cependant jamais savoir si on a ou pas retenu une information, car ce qui se passe dans la mémoire à long terme relève de l'inconscient. Les informations qui y sont contenues ne parviennent à l'état conscient que dans la mémoire à court terme. Ce n'est que plus tard, quand on aura besoin de retrouver une information, qu'on saura si on l'a retenue ou non.

La réactivation de l'information

Les informations s'accumulent dans la mémoire à long terme selon les liens qui ont été établis, au préalable, par la mémoire à court terme. Prenons un exemple relié à la lecture. Supposons que l'entreprise qui vous engage vous demande de vous documenter sur les goûts des Japonais et leurs coutumes en affaires, car elle a l'intention de présenter ses produits au cours d'une foire là-bas. Vous rassemblez donc de la documentation et vous commencez à lire. Après quelques pages, vous tombez par hasard sur un article traitant des particularités de l'architecture japonaise dans les régions du nord du pays. Ce sujet vous passionne et vous décidez de le lire, même s'il ne peut pas vous servir dans l'immédiat.

Comme vous êtes intéressé par la question, votre cerveau va sûrement vouloir conserver ces informations et les acheminer dans votre mémoire à long terme. Mais ce n'est pas certain qu'elles seront stockées avec les informations concernant les habitudes des Japonais en affaires. Le lien peut tout aussi bien s'établir avec une information sur l'architecture que vous avez déjà en mémoire. Il peut donc arriver que vous ne pensiez plus à cette information pendant votre présentation et qu'elle vous revienne plus tard, au cours d'une promenade, devant un immeuble dont l'architecture est intéressante. Plus on possède de connaissances, plus les connections qui permettent de retrouver une information se multiplient.

Dans le réseau de la mémoire, en effet, les connaissances ne s'organisent pas de manière alphabétique, numérique ou encore d'après le sujet, mais en millions de réseaux entrelacés, selon les liens bien connus de cause à effet. Il en résulte que pratiquement tout mot, toute image et toute expérience peuvent être atteints à partir de n'importe quel point de départ, par un très grand nombre de voies.

On peut voir à l'œuvre la rapidité et la fluidité des connexions qui s'établissent en écoutant certaines conversations. En effet, il suffit de prononcer un mot ou une phrase qui éveille un lien dans l'esprit de la personne qui écoute pour que la conversation bifurque aussitôt: c'est ce qu'on appelle passer du coq à l'âne. Ces liens, inexplicables et imprévisibles, existent bel et bien dans l'esprit des deux personnes qui conversent.

On ne peut prendre conscience de ce qu'on a retenu qu'après l'avoir oublié, puisque les faits et les informations dont on se souvient séjournent dans cette vaste base de données inconsciente qu'est la mémoire à long terme. Pour le savoir, il faut les rappeler à la conscience en les réactivant, c'est-à-dire en les ramenant de la mémoire à long terme à la mémoire à court terme, la seule accessible à la conscience.

Si rien ne vient réactiver une information, si, en d'autres mots, aucun lien ne se crée entre une information et un quelconque stimulus, elle restera dans la mémoire à long terme, sans qu'on en soit conscient et sans qu'on puisse retrouver le trajet qui y conduit. On posséderait dans notre mémoire à long terme un nombre incalculable d'informations qui ne referont jamais surface.

Toutefois, plus une information est réactivée souvent, plus il devient facile d'y accéder. C'est le cas des lettres de l'alphabet : on y pense très rarement, peut-être même jamais, mais ces informations sont automatiquement réactivées en mémoire et on s'en souvient dès qu'on les voit.

L'attention et la concentration

Nous savons maintenant que l'attention joue un rôle important dans la sélection des informations qui seront analysées et peut-être mémorisées. Mais le cerveau possède en fait deux mécanismes pour traiter l'information qu'il reçoit : l'attention et la concentration. On confond souvent ces deux termes et on dira indifféremment de quelqu'un qu'il manque d'attention ou de concentration. Pourtant, ce sont deux mécanismes qui fonctionnent différemment et dont les rôles sont diamétralement opposés.

L'attention, comme nous l'avons vu, envoie au cerveau des informations sensorielles multiples et diverses, jugées importantes par rapport à de multiples autres. D'instant en instant, l'attention se porte sur un objet différent. Plus les mécanismes de l'attention sont actifs, plus les informations qui parviennent au cerveau sont éparses et diverses.

La concentration, quant à elle, dirige la pensée vers certaines informations ciblées et signale leur importance au cerveau afin qu'il les achemine vers la mémoire à long terme où elles seront conservées. La concentration oriente donc la pensée vers certains objets précis, à l'exclusion de tous les autres. Plus les mécanismes de la concentration sont actifs, plus les informations qui parviennent au cerveau sont rares et ciblées.

L'attention qu'on porte à toutes les stimulations sensorielles nous empêche de nous concentrer. Voilà pourquoi il est si difficile de lire quand nous parviennent les bruits d'une conversation à la table voisine ou les paroles d'une chanson qu'on connaît bien et qu'on aime fredonner. Pour parvenir à se concentrer, il faut réduire le champ d'intervention de l'attention, c'est-à-dire diminuer le nombre d'informations parvenant au cerveau. On retient alors bien davantage ce qu'on lit !

L'attention s'exerce beaucoup plus naturellement que la concentration. Il s'agit d'un mode de fonctionnement que nous connaissons bien. La concentration, par contre, demande un effort conscient et ne peut s'exercer que pendant un espace de temps limité, idéalement une heure à une heure et demie.

La suprématie des émotions

Quelle que soit l'importance des informations que le monde extérieur nous fournit, leur impact sera toujours moins grand que celui des émotions. Pour le cerveau, les émotions ont priorité sur tout. Les stimulations venant de l'intérieur de soi sont donc toujours plus fortes que celles provenant de l'extérieur, qu'il s'agisse de sons, d'images ou de mots. Par exemple, quelqu'un qui vient de vivre un drame et qui marche dans la ville en pensant aux événements qui se sont produits, pourra facilement traverser la rue sans voir le feu rouge. Son œil l'a sans doute perçu, mais l'information n'a pas été retenue, car l'attention du marcheur était dirigée vers l'intérieur.

Pour se concentrer sur une lecture ou un travail à faire, il faut non seulement réduire le nombre de stimulations sensorielles auxquelles on porte normalement notre attention, mais aussi diminuer l'emprise que nos émotions ont sur nous à un moment ou à un autre de notre vie.

Les facteurs qui favorisent la rétention de l'information écrite

Deux facteurs favorisent la mémorisation des informations contenues dans un texte : le premier, c'est votre bagage de connaissances et le second, votre niveau d'intérêt.

Les connaissances

Pour qu'une information s'achemine dans la mémoire à long terme, il faut que des liens se créent avec des informations passées et présentes. Par exemple, si vous êtes un spécialiste de la gestion des cours d'eau, toute nouvelle information sur le sujet ira trouver sa niche dans le réservoir de votre mémoire à long terme, et votre esprit pourra facilement lui trouver une utilité. «Je pourrais m'en servir dans mon travail, mon projet de recherches, ma présentation. Je devrais en parler à Untel, etc. »

Plus on a entendu parler d'un sujet, plus on est informé, plus il nous sera facile de retenir les informations contenues dans un texte et d'aller les rechercher en temps voulu. C'est notre bagage de connaissances qui permet à ces liens de s'établir. Plus il y a de liens qui se créent, plus on a de chances de retenir les informations qu'on recueille.

Lorsque vous devez lire un texte et que vous avez l'impression d'en connaître trop peu sur le sujet, pourquoi ne pas commencer par vous documenter? Faites une première lecture très rapide du texte, puis lisez d'autres textes traitant du même sujet. Quand vous aurez amassé suffisamment de données, revenez au texte original et relisez-le. Votre cerveau pourra alors associer ce que vous lisez à ce qu'il connaît maintenant, et il verra davantage l'utilité de conserver ces nouvelles informations. Plus vous en saurez sur la question, plus votre cerveau sera actif et réceptif.

L'intérêt

Le second facteur favorisant la mémoire est l'intérêt qu'on porte à un sujet. Pour s'ouvrir à un texte qui ne suscite en nous aucun intérêt, il faut transformer le texte en récit.

Quand on lit un roman, notre intérêt s'éveille immédiatement. On se laisse porter par le texte, on essaie de devancer l'auteur, de deviner la suite ou encore la fin. Mais quand on lit un texte dans le cadre de notre travail, l'intérêt n'est pas toujours au rendez-vous! Certains textes nous découragent dès le départ, et on retarde toujours un peu plus le moment d'en entreprendre la lecture. Pourtant, il s'agit parfois d'un sujet qui nous intéresse, qui pique même notre curiosité. Pourquoi en est-il ainsi?

Quand on doit lire un document de recherche, un rapport, une brochure informative, on accorde immédiatement beaucoup d'importance à toutes les informations qui s'y trouvent – les mots, les chiffres, les données, les exemples – en s'efforçant de les retenir. Lorsqu'on aborde une lecture de cette façon, on se détache du texte, on crée une distance entre le texte et soi. On s'acharne à retenir des informations séparées les unes des autres, sans chercher à les associer à nos idées personnelles, à nos expériences, à nos sentiments.

Il ne faut jamais lire dans le but de retenir les informations se trouvant dans un texte. Plus on essaie, moins on y parvient. S'il s'agit d'un texte dense, notre mémoire à court terme est déjà pleine après le premier ou le deuxième paragraphe et commence déjà à se vider, c'est-à-dire qu'on commence déjà à oublier. À mesure qu'on lit, on oublie de plus en plus. Je demande souvent à mes participants : « Quand vous soulignez un passage pendant une lecture, le faites-vous dans le but de vous en souvenir ou dans le but de l'oublier en toute sécurité ? » La bonne réponse, vous l'aurez deviné, est la seconde. On ne devrait souligner que dans le but de retrouver une information facilement et non pas pour la retenir sur-le-champ.

Quand on lit, toutes les informations qu'on voit et qui pourraient nous servir un jour reçoivent le même traitement. Si le cerveau leur trouve une utilité, il sera intéressé à les conserver. Il vaut donc mieux se concentrer sur ce qu'on lit et porter consciemment un jugement sur l'importance d'un fait, d'une idée, d'une pensée, d'une information, que de chercher à retenir l'information. Celle-ci s'acheminera alors d'elle-même vers la mémoire à long terme.

Transformer le texte en récit

Si vous prenez l'habitude de lire vos gros documents comme vous liriez un roman, vous serez surpris de constater que vous avez retenu beaucoup d'informations. Elles ne vous apparaîtront pas toutes immédiatement, mais elles referont surface quand vous réactiverez votre mémoire à long terme.

Quel que soit le texte qu'on aborde, il faut essayer d'en faire un récit et de créer des liens avec nous, ce que fait naturellement le lecteur quand il lit un roman. Sans cette résonance intérieure, sans ces liens, même le récit le plus palpitant n'éveillerait en nous aucun intérêt. On devrait donc lire un traité sur *La capacité d'adaptation des organismes planctoniques* comme on lirait le récit du *Petit Prince* de Saint-Exupéry.

Résumé

On distingue généralement trois niveaux de mémoire : la mémoire perceptive, la mémoire à court terme et la mémoire à long terme.

C'est dans la mémoire perceptive que parviennent toutes les informations sensorielles que nous recevons. Seules ces informations sur lesquelles se porte notre attention parviennent à notre mémoire à court terme. Elles ont une durée de vie extrêmement courte.

C'est dans la mémoire à court terme que sont traitées les informations fournies par la mémoire perceptive. Si elles sont jugées pertinentes, elles iront se déposer dans la mémoire à long terme. Les capacités de stockage de la mémoire à court terme sont très limitées : elle ne peut contenir que de cinq à neuf éléments en même temps.

La mémoire à long terme est un immense réservoir où sont stockées toutes les informations transmises par la mémoire à court terme. La capacité de rétention de la mémoire à long terme est illimitée.

Dans la mémoire à long terme, les connaissances s'organisent en millions de réseaux entrelacés, selon les liens de cause à effet. Il en résulte que pratiquement tout mot, toute image et toute expérience peuvent être atteints à partir de n'importe quel point de départ, par un très grand nombre de voies.

On ne peut prendre conscience de ce qu'on a retenu qu'après l'avoir oublié.

Le cerveau possède deux mécanismes pour traiter l'information qu'il reçoit : l'attention et la concentration. Leurs rôles sont diamétralement opposés.

Les stimulations venant de l'intérieur (sentiments, émotions) sont plus fortes que celles venant de l'extérieur. Pour le cerveau, les émotions ont priorité sur tout.

Deux facteurs favorisent la rétention de l'information : les connaissances et l'intérêt.

Il faut lire n'importe quel texte comme un récit, en faisant continuellement des liens avec soi, sans chercher à retenir les informations qui s'y trouvent.

Chapitre 8

Techniques pour conserver les informations importantes

La mémoire des faits s'atténue avec le temps. On en a tous fait l'expérience : quand on sort d'une lecture, les idées contenues dans le texte sont là, bien vivantes dans notre esprit. Mais s'il nous faut en parler quelques jours plus tard, on se rend compte que plusieurs éléments se sont effacés de notre mémoire.

Pour éviter que cela se produise, le meilleur moyen est sans doute la prise de notes. Prendre des notes, souligner ou surligner au fur et à mesure les informations importantes qu'on voit dans le texte, c'est une façon d'être davantage actif quand on lit. Pour ma part, je préfère utiliser un crayon plutôt qu'un surligneur. Le crayon me permet tout à la fois de guider mon œil pendant la lecture, de souligner un passage, de prendre des notes ou d'inscrire une information dans la marge, sans avoir à changer d'outil.

La prise de notes est un moyen efficace, souvent infaillible, de stimuler la mémoire et de conserver les informations contenues dans un texte. Cette activité permet de mieux se concentrer et d'éviter les pensées importunes. C'est un avantage appréciable, puisqu'une plus grande concentration entraîne un meilleur fonctionnement de la mémoire.

Les informations que vous notez dans la marge ou que vous soulignez sont justement celles qui se trouvent momentanément dans votre mémoire à court terme, votre mémoire de travail, et qui disparaîtront bientôt, puisque vous continuez votre lecture et que vous ajoutez, à un rythme constant, de nouvelles informations dans cette partie de votre mémoire.

En procédant de cette façon, vous envoyez à votre cerveau le message que ces informations sont importantes. Vous augmentez alors les chances qu'elles soient acheminées vers votre mémoire à long terme. De plus, ces notes et ces passages soulignés vous permettront de réactiver votre mémoire lorsque vous reviendrez sur le texte.

Lorsque vous réactivez votre mémoire, vous cherchez simplement des informations stockées dans votre mémoire à long terme pour les faire remonter au niveau conscient, soit votre mémoire à court terme. Si vous constatez, à ce moment-là, que certaines informations n'ont pas été retenues, les notes et les passages soulignés vous permettront de compléter l'information.

La prise de notes au travail

Dans les ouvrages sur la lecture rapide, on trouve souvent de nombreuses techniques de prise de notes. Plusieurs d'entre elles sont complexes et demandent du temps. On n'a qu'à penser à l'arbre à idées, au *mind mapping*, aux différents modèles de séquences instantanées, aux fiches de lecture, etc. Ces techniques conviennent davantage, selon moi, aux étudiants qui doivent assister à des cours et noter des informations qui leur sont transmises surtout verbalement, des chiffres, des dates, des lieux. Je ne doute pas de leur efficacité, mais je crois qu'elles sont d'abord utiles dans un contexte d'études, alors qu'il faut passer des examens et donner des réponses précises. Une fois l'examen passé, ces notions sont vite oubliées et il est rare qu'on revoie ses notes par la suite.

Les gens au travail, par contre, ont principalement accès à l'information à partir de textes écrits (à moins, bien sûr, qu'ils assistent à une conférence ou à une formation). De plus, ils ont souvent besoin de revenir aux notes qu'ils ont prises et de les retrouver facilement. Tout réorganiser ou tout recopier entraînerait un trop grand investissement en temps.

Comme je m'adresse principalement dans cet ouvrage à des gens au travail, j'irai donc à l'essentiel et ne proposerai qu'une seule technique de prise de notes, celle qui m'apparaît la plus simple et la plus efficace dans ce contexte.

Méthode pour annoter vos textes et documents

Quand vous lisez au travail et devez prendre des notes, procédez de la façon suivante.

- Annotez directement sur le texte ou le document que vous lisez.

- Inscrivez rapidement dans la marge les remarques qui vous viennent à l'esprit.

- Soulignez (ou surlignez) les idées à retenir, mais avec modération. En effet, s'il y a trop de passages soulignés, vous perdrez de vue les points importants et votre compréhension du texte s'en trouvera diminuée.

- Notez les passages qui comportent des détails compliqués.

- Ne vous préoccupez pas trop de votre style. N'écrivez pas comme si ces notes étaient destinées à être lues par quelqu'un d'autre ; vous les prenez uniquement pour vous. Elles devraient même être difficiles à comprendre pour une personne qui ne connaît pas le contenu du texte.

165

- N'écrivez pas trop. Prenez des notes à des intervalles raisonnables, parfois chaque page ou chaque section, d'autres fois à la fin d'un chapitre ou de plusieurs chapitres.

- Servez-vous souvent de mots clés, de phrases courtes. Rappelez-vous que l'on consulte une note pour réactiver sa mémoire ; elle sert d'élément déclencheur.

- Inventez vos propres codes, par exemple *IMP* pour important. Cette méthode facilite le travail par la suite, puisque vous pourrez retrouver rapidement toutes les informations qui vous semblaient *importantes* simplement en repérant vos codes dans la marge.

- Ne transcrivez pas vos notes après avoir terminé votre lecture. Faites simplement un court résumé ou une liste des idées importantes.

Tony Buzan s'est basé sur la courbe de l'oubli pour proposer une méthode de réactivation des connaissances ; la voici[17] : « Une heure à deux heures après une lecture, la mémoire est à son summum. Il est donc important de procéder à ce moment à une réactivation écrite ou mentale en consultant les notes prises au cours de la lecture. »

Méthode pour annoter vos documents Word

La méthode d'annotation décrite précédemment peut être utilisée avec un document Word. Il vous suffit de créer un nouveau document avec une marge très large pour y inscrire vos notes. Pour ce faire :

- ouvrez un nouveau document ;

- dans le fichier *Tableau*, cliquez sur *Insérer*, puis sur *Tableau* ;

---

17. Tony Buzan, *Une tête bien faite*, Paris, Éditions d'Organisation, 1984.

- dans *Nombre de colonnes*, inscrivez *2*. Dans *Nombre de lignes*, inscrivez *1*. Puis, cliquez sur *OK*;

- saisissez (noircissez) la partie du texte que vous voulez mettre en colonnes, puis cliquez sur *Copier* dans votre barre d'outils;

- placez votre curseur en haut de la colonne de droite et cliquez sur *Coller* – le texte que vous voulez lire en prenant des notes ira s'y insérer;

- placez le curseur sur la ligne verticale qui sépare les deux colonnes pour ajuster la largeur des colonnes;

- quand vous avez terminé votre lecture, imprimez le document que vous avez annoté. Vous pourrez alors facilement réactiver votre mémoire en consultant les notes que vous avez prises.

Exemple de traitement

Supposons que vous faites une recherche sur l'évolution des idées concernant la contraception et que vous lisez le texte suivant.

Exemple d'intolérance de la religion catholique

Le choc des valeurs véhiculées par les différentes religions a aussi été responsable de plusieurs «oublis» volontaires. Selon les archives officielles, le roi d'Espagne Charles Quint s'enquit auprès de l'évêque de la nouvelle ville de Mexico des possibilités d'introduire en Europe l'usage d'une plante que les Aztèques utilisaient à des fins contraceptives. Dans la correspondance que le roi adressa à l'évêque, la plante y était décrite comme une sorte de tubercule semblable à la patate douce. Offensé par cette idée contraire aux dogmes de la religion catholique, l'évêque fit tomber l'usage et même le nom

Nom de la plante

de cette plante dans l'oubli en la frappant d'un interdit. Près de 500 ans plus tard, soit en 1942, des chercheurs qui étudiaient une plante aztèque, l'igname sauvage (*Dioscorea villosa*[18]) (ce serait la plante en question), reconnue traditionnellement pour ses propriétés antirhumatismales[19]...

Cette méthode vous permet à la fois de souligner et de prendre des notes.

Les avantages de la prise de notes

On ne réécrit jamais textuellement ce qu'on lit; on choisit plutôt les idées qui nous semblent importantes, les faits, et on les réécrit dans nos propres mots. C'est une façon de faire siennes les idées d'un auteur. En manipulant les faits et les informations qu'on découvre et sur lesquels on s'attarde, on apprend mieux et on retient davantage. La prise de notes favorise la discipline, la concentration et l'intérêt, du fait que le lecteur manipule les idées qu'il découvre ou sur lesquelles il s'attarde. Elle permet de se poser des questions, de réfléchir sur le texte, d'établir des liens entre les données et nos connaissances antérieures, d'ordonner les idées selon nos critères d'importance et notre système de valeurs, de mieux résumer la pensée de l'auteur et de mieux comprendre l'œuvre.

Il ne faut donc pas hésiter à souligner un passage, à inscrire des notes dans la marge ou à écrire des commentaires sur la dernière page d'un livre. Il faut se libérer une fois pour toutes de

18. C'est moi qui souligne.
19. Extrait du livre de Daniel Lamarre, *La roue de la médecine des Indiens d'Amérique*, p. 83.

l'idée que les écrits doivent être respectés à tout prix. (Ce beau principe s'applique aussi à mon livre : annotez-le, choisissez les chapitres qui vous intéressent le plus, soulignez. Ce livre vous appartient.)

La prise de notes surpasse en efficacité la simple lecture d'un texte. Lire ne suffit pas toujours pour comprendre à fond les idées d'un auteur et les assimiler. Les notes permettent de réactiver plus facilement la mémoire et de retrouver plus sûrement les informations qu'on voulait garder. Prendre des notes, c'est se réapproprier un texte.

Le plaisir de la relecture

On ne relit pas toujours les notes qu'on a prises, mais j'ai découvert récemment une forme de relecture qui m'a beaucoup plu. C'est en vous racontant cette expérience que je terminerai ce court chapitre sur les techniques pour conserver l'information.

Je suis un insatiable lecteur, comme vous le savez, et l'abondance de livres qu'on trouve maintenant dans les librairies fait presque naître en moi une forme de fébrilité. J'aime les prendre, les regarder, lire certains passages, et je voudrais toujours repartir les bras pleins.

J'ai toutefois découvert récemment le plaisir de relire un ouvrage que j'avais lu quand j'étais plus jeune : *L'étranger*, d'Albert Camus. Depuis, j'ai repris la lecture de certains essais qui m'avaient particulièrement marqué à l'époque.

Avec les années, j'ai acquis bien des connaissances et mon bagage est supérieur à ce qu'il était quand j'avais dix-sept ou dix-huit ans. Je peux aujourd'hui établir beaucoup plus de liens que je ne le pouvais au moment de mes premières lectures. Cet exercice m'a donc permis d'approfondir ces œuvres, de mieux les comprendre, et le plaisir de lire n'en est que plus grand. Je vous le recommande grandement. Faites-le comme on retourne parfois dans un endroit qu'on a déjà visité. On se rend compte alors qu'on n'avait pas tout vu et qu'on voit encore mieux la seconde fois. C'est la même chose avec les livres. Qu'on lise lentement ou rapidement, c'est impossible de tout voir, de tout saisir la première fois.

Les techniques de prise de notes utilisées au travail doivent être simples et efficaces. Les notes servent uniquement à réactiver, après une lecture, les informations stockées dans la mémoire à long terme.

Quand vous soulignez ou prenez des notes dans la marge, vous envoyez à votre cerveau le message que ces informations sont importantes. Vous augmentez alors les chances qu'elles soient acheminées vers votre mémoire à long terme.

La prise de notes favorise la rétention de l'information en la structurant et en établissant des liens entre les différents éléments, et avec d'autres éléments déjà contenus dans la mémoire à long terme.

La prise de notes peut se faire également à l'écran si vous voulez annoter vos documents Word.

Prendre des notes, c'est se réapproprier un texte.

Conclusion

Ce que j'ai voulu faire, tout au long de ces pages, c'est de vous présenter la lecture rapide comme une habileté que nous pouvons tous acquérir, et non pas comme une forme de «lecture extrême». Je tiens beaucoup à me détacher du mythe de la performance souvent relié à cette discipline. Pour moi, la lecture rapide telle que je la conçois et que je la présente, est une habileté… mais en fait, il serait plus juste de parler d'une série d'habiletés et, donc, d'une compétence.

Quand je donne des formations, je me sers beaucoup de cette définition du mot «compétence» – ma préférée – qui me permet d'orienter le contenu de mes cours : «La capacité d'actualiser une série d'habiletés dans un contexte spécifique.»

Le contexte spécifique, en lecture, est celui du monde où nous vivons, un monde dominé par l'information. Dans ce contexte, la compétence en lecture est devenue essentielle, surtout au travail.

Les habiletés reliées à la compétence en lecture sont au nombre de quatre :

1. l'habileté à lire à la vitesse de la pensée rationnelle, soit à une vitesse se situant entre 400 et 700 mots/minute ;

2. l'habileté à connaître et à utiliser différentes stratégies de lecture suivant le contexte et la nature des textes à lire ou, en
   d'autres mots, l'habileté à être un lecteur dynamique;

3. l'habileté à gérer l'information, soit être capable de quantifier ses lectures, de les sélectionner, de choisir les bonnes
   stratégies et, enfin, de les regrouper et de leur consacrer des
   périodes de temps précises, sans interruption;

4. l'habileté à retenir de l'information, soit être capable de bien
   comprendre les processus mnésiques et de privilégier les formes
   d'approche de la lecture favorisant la mémorisation des informations non seulement en prenant des notes, mais aussi, et
   surtout, en lisant un texte comme on lit un récit, c'est-à-dire
   sans s'acharner à tout retenir.

Toute compétence repose sur trois piliers : les connaissances,
les habiletés et l'attitude. Mon livre se veut un outil pour développer les deux premiers; quant au troisième, l'attitude, il est
nécessairement relié au plaisir, au plaisir de lire, cela va de soi.

Pour moi, la lecture est une nourriture dont je me sers pour
alimenter mes pensées et mes réflexions, une source de savoir
intarissable. Mais il revient à chacun de cultiver ce plaisir : on ne
peut pas l'imposer. Comme le dit Daniel Pennac[20] : «Le verbe
"lire" ne supporte pas l'impératif. Aversion qu'il partage avec
quelques autres : le verbe "aimer"… le verbe "rêver"…»

Exceptionnellement, je me permettrai de l'utiliser et de vous
dire : Lisez ! C'est la grâce que je vous souhaite.

Bonnes lectures !

---

20. Daniel Pennac, *Comme un roman*, Paris, Éditions Gallimard, coll. Folio,
    p. 13.

L'auteur

René-Louis Comtois donne des formations en gestion du temps, en lecture rapide et en organisation du travail depuis plusieurs années. Son objectif est d'apporter à tous les participants qui suivent ses formations, des méthodes de gestion et des connaissances techniques leur permettant de développer toutes leurs habiletés professionnelles et d'atteindre un niveau de compétence supérieur dans les champs d'action dont la maîtrise est devenue essentielle de nos jours. Les méthodes qu'il préconise sont efficaces et éprouvées. C'est à ce niveau que se situe son engagement.

René-Louis Comtois dirige Formations Qualitemps inc., une entreprise de formation spécialisée en gestion du temps et de l'information. Vous pouvez visiter le site Internet de l'entreprise à l'adresse suivante : www.formationsqualitemps.ca

Vous pouvez également joindre l'auteur à l'adresse suivante : renelouiscomtois@formationsqualitemps.ca

Bibliographie

BATES, William Horatio. *Better Eyesight Without Glasses*, Whales, Royaume-Uni, Cygnus Book, 2000, 217 p.

BÉGIN, Christian. *Devenir efficace dans ses études*, Laval, Éditions Beauchemin, 1992, 199 p.

BURLEY-ALLEN, Madelyn. *Perfectionnez votre mémoire*, Paris, Les Presses du Management, 1999, 70 p.

BUZAN, Tony. *La lecture rapide*, Paris, Éditions d'Organisation, coll. Les guides Buzan, 2004, 294 p.

BUZAN, Tony. *Une tête bien faite*, Paris, Éditions d'Organisation, coll. Les guides Buzan, 2004, 180 p.

CHANDON, G. *Contes et récits tirés de l'Illiade et l'Odyssée*, France, Éditions Fernand Nathan, coll. Poche Nathan contes et légendes, n° 509, 1992, 190 p.

COUCHAÈRE, Marie-José. *La lecture active*, Paris, Éditions Chotard et associés, 1989, 144 p.

GERMAIN, Jean-Claude. *De tous les plaisirs, lire est le plus fou*, Montréal, Isabelle Quentin éditeur, coll. Voix vives, 127 p.

GOODRICH, Janet. *Bien voir sans lunettes*, Mens, France, Éditions Terre Vivante, 1991, 270 p.

GOURMELIN, Marie-Josèphe. *Les règles d'or de la lecture rapide*, avec la collaboration de J.-F. Guédon, Belgique, Marabout, coll. Guides Marabout, 1989, 224 p.

HUOT, Guy. *L'observation des oiseaux du Québec*, Montréal, Éditions Broquet inc., 1994, 263 p.

HUXLEY, Aldous. *L'art de voir*, Paris, Éditions Payot, 1970 et 1978, 219 p.

ISNARD, Guillemette. *L'enfant et sa mémoire*, Montréal, Éditions Lacombe, 1990, 186 p.

JAVAL, Émile. *Physiologie de la lecture et de l'écriture*, Paris, Éditions Retz, 1978, 296 p.

KAPLAN, Dr Robert Michael. *Seeing Without Glasses, Improve Your Vision Naturally*, Indes, Édition Paperback, B. Jain Publisher, 2002, 171 p.

LAMARRE, Daniel. *La roue de médecine des Indiens d'Amérique*, Montréal, Éditions Quebecor, 2003, 184 p.

LECLERC, Félix. *Pieds nus dans l'aube*, Montréal, Éditions Fides, 1946, 213 p.

MacLUHAN MARSHALL, Herbert, *La galaxie Gutenberg*, Paris, Éditions Gallimard, 1977, 281 p.

PASSEBECQ, André et PASSEBECQ, Jeanine. *La santé de vos yeux*, Paris, Éditions Dangles, 1991, 176 p.

PENNAC, Daniel. *Comme un roman*, Paris, Éditions Gallimard, coll. Folio, 1992, 198 p.

POSLANIEC, Christian. *Donner le goût de lire*, Paris, Éditions du Sorbier, 2001, 238 p.

POE, Edgar Allan. *Histoires extraordinaires*, préface de Julio Cortázar, traduction de Charles Baudelaire, Paris, Éditions Gallimard, coll. Folio, 1973.

RICHAUDEAU, François. *Lecture rapide Richaudeau : la méthode complète*, avec la collaboration de M. et F. Gauquelin, Paris, Éditions Retz, coll. Savoir communiquer, 1982, 1984 et 1993, 351 p.

ROCHEFORT ALGIS, Élisabeth. *Lecteur, à vos marques! Lisez vite et bien*, Paris, Entreprise moderne d'édition, 1987, 176 p.

SCHNEIDER, Meir. *L'autoguérison, ma vie, ma vision* (tomes 1 et 2), Paris, Éditions Arista, 1988, 243 p.

SIRE, Jean-Claude. *Lecture rapide. La méthode Flexivel*, Paris, Éditions d'Organisation, 1990, 265 p.

SOULEZ, Bettina. *Devenir un lecteur performant*, Paris, Éditions Dunod, 1991, 185 p.

STERN, Patrice. *Être plus efficace*, Paris, Éditions d'Organisation, 2001, 204 p.

TURLEY, Joyce, Carol. *La Lecture rapide*, Paris, Les Presses du Management, 1999, 75 p.

UHLMAN, Fred. *L'ami retrouvé*, préface d'Arthur Koestler, Paris, Éditions Gallimard, coll. Folio, 1978, 122 p.

VYAS, Kiran. *Yoga des yeux, guérison de la vue*, Romont, Suisse, Éditions Recto Verseau, 1992, 94 p.

Annexes

Exercices de lecture

Exercice de lecture 1

La migration d'automne

Extrait de L'observation des oiseaux au Québec,
de Guy Huot [21]

> Partez votre chronomètre dès que vous commencez à lire, et arrêtez-le dès que vous avez terminé. Inscrivez votre vitesse de lecture, puis répondez aux questions de compréhension.

Le départ vers les contrées du sud s'échelonne du milieu d'août au milieu de novembre; certains retardataires poussent parfois l'audace jusqu'à tenter d'hiverner dans nos régions. Quelques individus de certaines espèces peuvent ainsi passer la saison froide avec nous. Mais la majorité des oiseaux partent pour des cieux plus cléments, les possibilités de nourriture se faisant plus rares avec la fin de l'automne. Ce sont d'abord les bécasseaux et les oiseaux

---

21. Guy Huot, *L'observation des oiseaux du Québec*, Montréal, Éditions Broquet inc., 1994, p. 246 à 249.

de rivage qui amorcent leur périple vers le sud, suivis des insectivores comme les fauvettes. C'est la fantastique odyssée des migrateurs.

Des côtes de l'Atlantique, à destination de l'Amérique du Sud via les Bermudes et les Caraïbes, les radars ont détecté plus de 100 millions d'oiseaux s'élançant ainsi au début d'octobre, vers leurs quartiers d'hiver.

Ces oiseaux, pour la plupart des fauvettes, des bécasseaux et des pluviers, amorcent leur extraordinaire voyage la nuit suivant le passage d'un front froid soufflant au-dessus de la côte atlantique en direction sud-est. Ils partent alors par vagues massives de milliers à la fois; à Cape Cod, par exemple, on a pu détecter jusqu'à 12 millions de migrateurs par nuit se lançant vers le milieu de l'Atlantique, direction sud-est. Ce périple de plus de 3 000 kilomètres leur prendra en moyenne 84 heures de vol, sans arrêt!

Conduite pendant six ans, sur une période couvrant la dernière semaine de septembre et les deux premières d'octobre, l'expérience utilisa neuf groupes-radars situés sur la côte atlantique, aux Bermudes, aux Antilles (Antigua et Tobago), en Amérique du Sud et sur différents bateaux postés en mer sur cette trajectoire. On a ainsi relevé l'allure générale du mouvement: les oiseaux s'envolent vers le sud-est et gardent cette orientation constamment; arrivés dans la région de la mer des Sargasses, ils sont poussés par des vents latéraux qui les entraînent en direction sud-ouest vers l'Amérique du Sud.

La migration est donc fortement dépendante des conditions atmosphériques. Par exemple:

le 3 octobre 1973   le départ s'effectue de la côte atlantique, entre la Nouvelle-Écosse et la Virginie. Un front froid vient de balayer une zone s'étendant de Halifax à Cape Cod.

le 4 octobre 1973   le système reste stationnaire; les oiseaux continuent à s'y engager et atteignent les Bermudes au milieu de l'après-midi.

le 5 octobre 1973   ils sont signalés entre les Bermudes et les Caraïbes alors qu'ils changent de direction.

le 6 octobre 1973   la masse des migrateurs atteint les Caraïbes; passent à Antigua durant la journée et arrivent aux Barbades en soirée.

La première partie du trajet est rapide (côte-Bermudes):   18 heures

La seconde, plus lente (Bermudes-Antigua):   48 heures

D'Antigua aux Barbades, on compte: 6 heures

Atteindre le continent sud-américain de cet endroit: <u>12 heures</u>

Pour un total moyen de: 84 heures

Et ce, sans aucun arrêt, dans la majorité des cas.

Il s'agit du plus grand exploit en heures de vol et en distance parcourue pour de petits oiseaux. Ces derniers atteignent même une altitude record en cours de route: 6 500 mètres dans le secteur d'Antigua. L'altitude varie selon le palier où se trouvent les vents utilisés pour le déplacement. De même la vitesse varie également; la moyenne pour tout le périple est de 35 km/heure avec des minimums moyens de 15 km/heure et des maximums moyens de 80 km/heure.

Si, par malheur, il se produit un brusque changement de température, une tempête, une tornade ou un cyclone, peu d'oiseaux ainsi surpris ont une chance de survie. Cette situation s'est présentée deux fois pendant les 93 jours qu'ont duré les observations. Habituellement, soit 98 p. 100 du temps, les conditions atmosphériques sont facilement prévisibles. D'abord le front froid au-dessus de la côte, orientation sud-est, indicatif de beau temps jusqu'à la mer des Sargasses où les vents, orientés sud-ouest, leur assurent un ciel clair et dégagé jusqu'en Amérique du Sud. Restent les 2 p. 100 de risques...

Mentionnons cependant que cette route au-dessus de l'océan raccourcit le voyage de 2 800 kilomètres par rapport à l'autre route, celle qui suit la côte atlantique jusqu'en Floride avant de tourner vers Cuba, Porto Rico et les petites Antilles. De plus, les vents du large sont généralement favorables et avantageux. En outre, en pleine mer, moins de risques «d'accidents de terrain» ou d'oiseaux de proie.

Réalisation exceptionnelle, l'effort déployé par les oiseaux correspondrait à un homme courant à 25 km/heure pendant 80 heures sans arrêt! L'énergie utilisée par l'oiseau est d'un taux de rendement imbattable soit, en comparaison, pour une automobile, un rendement de 300 000 km au litre.

Exploit pratiquement incroyable pour des oiseaux de la grosseur d'un moineau. Cette étonnante réalisation est due aux particularités tout à fait spéciales de la gent ailée : musculature développée, système respiratoire unique, faculté de navigation encore inconnue de l'homme, résistance insoupçonnée, système sanguin distinctif, etc.

En somme, il nous en reste encore beaucoup à apprendre, n'est-ce pas ?

Nombre de mots dans le texte : 849

Pour calculer votre vitesse de lecture, divisez le nombre de mots (849) par le nombre de minutes que cette lecture vous a demandé et inscrivez votre réponse dans votre cahier.

Évaluez maintenant votre compréhension du texte en répondant aux questions suivantes, sans revenir au texte. Notez vos réponses sur une feuille ou dans votre cahier.

1. La migration des oiseaux s'échelonne…
   a) du milieu d'août à la fin de septembre.
   b) du milieu d'août au milieu de novembre.
   c) du milieu de septembre à la fin d'octobre.

2. Est-ce que tous les oiseaux émigrent vers le sud ?

3. La majorité des oiseaux émigrent pour…
   a) éviter le froid.
   b) trouver de la nourriture.
   c) remonter à leur lieu de naissance afin de se reproduire.

4. Les oiseaux insectivores partent plus tard que les oiseaux de rivage. Vrai ou faux?

5. Quelle est leur destination?

6. À combien estime-t-on le nombre d'oiseaux qui partent du Québec pour suivre, chaque année, la route vers le sud?
   a) À 100 millions d'oiseaux.
   b) À 100 000 oiseaux.
   c) À 10 millions d'oiseaux.

7. Qu'est-ce qui annonce le moment du départ pour les oiseaux?

8. Le long périple de plus de 3000 kilomètres prend aux oiseaux…
   a) 84 heures de vol, incluant les arrêts.
   b) 84 heures de vol sans arrêt.
   c) 54 heures de vol sans arrêt.

9. En moyenne, la vitesse de vol des petits oiseaux migrateurs pour tout le périple est de…
   a) 35 km / heure.
   b) 15 km / heure.
   c) 65 km / heure.

10. De quel instrument s'est-on servi pour observer le vol des oiseaux migrateurs?

11. Les radars étaient-ils tous placés le long de la côte?

12. Quel est le facteur naturel qui vient influencer l'orientation que prennent les oiseaux durant leur vol?

13. En quelle année a eu lieu cette observation?

14. Pourquoi, dans cette recherche, parle-t-on du plus grand exploit en heures de vol et en distance parcourue?

15. Qu'arrive-t-il lorsqu'un brusque changement de température, une tempête, une tornade ou un cyclone surprend les oiseaux en vol?

16. Quelles sont les probabilités que de tels incidents se produisent?
    a) 2 %
    b) 98 %
    c) 42 %

17. Il y a de nombreux avantages pour les oiseaux à survoler l'océan plutôt que la côte. Pouvez-vous en nommer un?

18. Si on comparait la performance de ces oiseaux de la grosseur d'un moineau, elle correspondrait à la performance d'un homme:
    a) courant à 25 km/heure pendant 80 heures sans arrêt.
    b) courant à 25 km/heure pendant 40 heures sans arrêt.
    c) courant à 15 km/heure pendant 80 heures sans arrêt.

19. Nommez une des caractéristiques physiques qui permettent aux oiseaux migrateurs d'effectuer ce long périple.

20. Après cette recherche, l'auteur prétend-il bien connaître ces oiseaux?

Pour vérifier vos réponses, servez-vous du corrigé à la page 224. Accordez-vous 5 points par bonne réponse. Inscrivez vos résultats dans votre cahier.

Exercice de lecture 2

Les aventures d'Ulysse

Contes et récits tirés de *L'Iliade* et *L'Odyssée*,
texte de G. Chandon

Partez votre chronomètre dès que vous commencez à lire,
et arrêtez-le dès que vous avez terminé. Inscrivez votre vitesse de lecture, puis répondez aux questions de compréhension.

Ulysse et les Cyclopes

Ulysse aborde sur les rivages du royaume des Phéaciens. Alcinoos, leur roi, lui offre l'hospitalité et donne une fête pour l'honorer. Tous veulent entendre le récit de ses aventures. Aussi Ulysse raconte-t-il aux Phéaciens, émus et captivés, comment il fit face, avec ses hommes, aux monstrueux géants appelés Cyclopes, lesquels vivaient sur une île. Écoutons son récit.

La côte où nous venions d'accoster était l'île des Cyclopes.

— Allons voir qui habite cette île, dis-je à mes compagnons, car il nous faut refaire nos provisions d'eau, de viande et de fruits.

J'avais choisi, pour m'accompagner, douze de mes meilleurs guerriers. Une sorte de pressentiment me poussa à emporter une outre remplie d'un vin exquis. Je comptais sur ce présent pour gagner les bonnes grâces du roi de l'île.

À peine avions-nous débarqué que j'aperçus une large grotte et un vaste enclos.

— C'est une bergerie, dis-je. Si nous pouvons décider son propriétaire à nous vendre du lait, des fromages, des moutons et des chevreaux, nous aurons des provisions pour longtemps.

L'ordre le plus parfait régnait dans la bergerie et on voyait que le pasteur prenait bien soin de ses bêtes. Mais il n'y avait personne.

— Profitons-en, dirent mes guerriers. Prenons les bêtes les plus grasses et les plus lourds fromages et regagnons vite notre bateau.

— Nous ne sommes pas des voleurs! Attendons le retour du pasteur, dis-je avec autorité.

J'avais à peine prononcé ces mots qu'une ombre énorme éclipsa le soleil. Je me retournai et je vis un géant dont l'œil unique nous regardait sinistrement. Je frissonnai d'horreur.

— Au nom des Dieux, lui dis-je, accueille-nous avec bienveillance. Nous sommes des Grecs et nous revenons d'une guerre contre les Troyens. Nous rentrions dans notre patrie, quand des vents contraires nous ont jetés sur cette terre. Nous sommes entrés ici par hasard et nous attendions ta venue pour...

Le Cyclope eut un ricanement effroyable.

— Je sais bien pourquoi vous m'avez attendu. C'est pour me changer de ma nourriture ordinaire. Justement, j'ai faim.

Il s'empara de deux de mes compagnons, les écrasa entre ses doigts et les croqua en deux bouchées. Je poussai un cri lamentable.

— Stupide étranger, me dit-il, on voit bien que tu ne connais pas les Cyclopes!

Et nous tournant le dos, il commença à prendre soin de son troupeau.

J'avais un glaive, mais mon arme ne pouvait rien contre un géant d'une telle force.

— Je l'attaquerai quand il sera endormi, dis-je à mes guerriers.

Je ne pus rien tenter cette nuit-là, car le Cyclope se réveillait au moindre mouvement que nous faisions. Au matin, j'eus la douleur de le voir manger deux autres de mes compagnons.

— À ce soir, dit-il, en riant méchamment et il quitta la grotte en fermant l'entrée avec une grosse roche.

L'horreur et la tristesse s'étaient emparées de nous. Soudain, mes yeux rencontrèrent l'outre pleine de vin.

— J'ai trouvé le moyen de causer chez ce monstre un sommeil profond, dis-je à mes guerriers. Mais il me faut une arme. Cherchons.

Je trouvai un tronc d'olivier grand comme un mât de navire. Toute la journée passa à le tailler pour le rendre pointu. Au soir, quand le Cyclope entra, j'allai vers lui avec courage et lui dis:

— Je ne t'ai pas dit que nous avions rapporté de nos voyages un vin qui te sera plus agréable que le sang humain. Goûte-le et tu verras qu'un tel présent vaut que tu nous accordes la liberté et la vie.

— Donne, fit le géant. J'aime le vin. Je te dirai si le tien est meilleur que celui de notre île.

Je lui présentai l'outre. Il la souleva et en but plusieurs gorgées. Son œil étincelait.

— Jamais je n'ai rien bu d'aussi bon, avoua-t-il. Comment t'appelles-tu, mon ami ?

— Personne, lui répondis-je, en dissimulant mon ironie.

— Eh bien, mon petit Personne, tu seras le dernier que je dévorerai ; ce sera ta récompense.

Malgré ces dures paroles, je commençais à reprendre espoir, car je voyais l'ivresse le gagner. Quelques instants plus tard, il dormait profondément.

— À l'œuvre ! dis-je tout bas.

Avec quatre de mes compagnons, j'ai alors transporté la poutre jusqu'à un brasier allumé à la hâte, et nous y avons fait chauffer la pointe du pieu. Puis, nous nous sommes dirigés avec précaution vers la tête du monstre et, à mon signal, nous avons enfoncé le pieu brûlant dans l'œil du Cyclope.

Il se mit à pousser des hurlements épouvantables. Éveillés par ses cris, d'autres Cyclopes commencèrent à arriver. Nous nous étions cachés au milieu du troupeau.

— Qu'y a-t-il, Polyphème ? demandèrent les Cyclopes. Tu nous as réveillés en sursaut. Qui t'a blessé ?

— Personne, répondit-il en gémissant.

— Personne! s'écrièrent les géants. Tu nous déranges en pleine nuit, et personne ne t'a rien fait!

Indignés, ils repartirent tous, laissant Polyphème seul. Je me félicitai de l'idée que j'avais eue de prendre ce nom!

Le Cyclope continua de crier et d'appeler ses voisins, mais aucun d'eux ne revint. Alors le géant n'eut plus qu'une idée: se venger de ce «Personne» qui l'avait aveuglé. Il marcha à tâtons jusqu'à l'entrée, écarta la lourde roche et s'assit de façon à pouvoir saisir ceux qui tenteraient de sortir en même temps que le troupeau.

J'avais un plan. Je commençai par attacher les béliers trois par trois, puis, sous celui du milieu, je fixai un de mes compagnons en lui recommandant de se faire aussi petit que possible.

Je n'avais pas encore eu le temps de me préparer quand le Cyclope appela ses bêtes. Heureusement, le bélier conducteur du troupeau était grand et fort. Je me suspendis à son ventre, en empoignant les grandes boucles de sa toison. Le Cyclope tâtait de la main le dos de chaque bête qui passait devant lui. Comme celui qui me portait sortait le dernier, il l'arrêta.

— Bélier, lui dit-il, est-ce que c'est la peine de voir ton maître blessé qui t'empêche de gambader à la tête du troupeau? Ah! si tu pouvais parler, tu me dirais où se sont cachés ces misérables. Cela me soulagerait de les écraser et d'entendre leurs cris.

Je sentais ses mains énormes passer sur l'échine du bélier et je respirai quand il le libéra enfin. Celui-ci courut jusqu'à la prairie rejoindre le troupeau qui s'était mis à paître. Sans perdre un instant, nous avons sauté sur nos pieds et nous avons couru vers notre bateau, en poussant devant nous les plus beaux béliers et les plus grasses brebis.

Lorsque la barque commença à s'éloigner du rivage, je me mis à crier de toutes mes forces :

— Polyphème, tes victimes t'ont échappé. Tu as manqué aux devoirs de l'hospitalité et tu en seras puni toute ta vie. Sache que celui qui t'a plongé dans la nuit, c'est Ulysse, roi d'Ithaque.

Un hurlement me répondit. Le géant ramassa un énorme roc qu'il lança vers nous. Le tir était juste et il s'en fallut de peu que notre barque soit fracassée.

— Ô Neptune, mon père, se mit à crier Polyphème en entendant nos rires moqueurs, ne permets pas qu'un mortel se rie de ton fils. Fais que ce misérable Ulysse n'arrive jamais à sa terre natale.

Notre barque arriva dans l'anse où nous attendaient nos vaisseaux. Nous avons offert des sacrifices aux Dieux pour les remercier de nous avoir sauvés et pour leur demander un prompt retour dans Ithaque. Mais Neptune ne fut pas touché par nos prières, et c'est sa vengeance qui nous a poursuivis si longtemps.

Nombre de mots dans le texte : 1235

Pour calculer votre vitesse de lecture, divisez le nombre de mots (1235) par le nombre de minutes que cette lecture vous a demandé et inscrivez votre réponse dans votre cahier.

Évaluez maintenant votre compréhension du texte en répondant aux questions suivantes, sans revenir au texte. Notez vos réponses sur une feuille ou dans votre cahier.

1. Ulysse et ses compagnons débarquent sur l'île parce qu'ils veulent…
   a) découvrir de nouvelles terres.
   b) rendre visite au roi de l'île.
   c) refaire leurs provisions.

2. Une fois sur l'île, Ulysse et ses compagnons découvrent une grande bergerie dont le propriétaire est absent. Que suggèrent les compagnons d'Ulysse ?
   a) De prendre des bêtes et du fromage et de s'en retourner au bateau.
   b) De prendre le temps de faire un bon repas.
   c) De demander au propriétaire de leur vendre du lait, des fromages, des moutons et des chevreaux.

3. Ulysse et ses compagnons revenaient d'une guerre contre les Troyens. Vrai ou faux ?

4. Comment le Cyclope Polyphème exprime-t-il son agressivité envers ses visiteurs ?

5. Quelle était la seule arme qu'Ulysse possédait ?

6. Pourquoi Ulysse ne réussit-il pas à attaquer le Cyclope Polyphème pendant la première nuit qu'il passe dans la grotte avec ses compagnons ?

7. Quelle est la première chose que le Cyclope Polyphème fait le matin suivant ?
   a) Il sort conduire son troupeau sans s'occuper d'eux.
   b) Il s'empare du glaive d'Ulysse.
   c) Il mange deux autres compagnons d'Ulysse.

8. Quelle idée germe dans l'esprit d'Ulysse lorsqu'il voit l'outre de vin qu'il a apportée en cadeau ?

9. Quelle arme Ulysse et ses compagnons fabriquent-ils pour attaquer le Cyclope?

10. Que demande Ulysse en échange du vin qu'il donne au Cyclope Polyphème?

11. Le Cyclope n'avait jamais bu de vin auparavant. Vrai ou faux?

12. Que répond Ulysse quand le Cyclope Polyphème lui demande quel est son nom?

13. Pour remercier Ulysse de lui avoir donné du si bon vin, que promet le Cyclope?

14. Que font Ulysse et ses compagnons quand le Cyclope est endormi?

15. Qui accourt lorsque le Cyclope blessé se met à hurler de douleur?

16. Pourquoi les Cyclopes n'aident-ils pas Polyphème et repartent-ils?

17. Comment Ulysse réussit-il à faire sortir ses compagnons de la grotte du Cyclope?

18. Pourquoi Ulysse a-t-il peur quand il est sous le ventre du bélier conducteur du troupeau?

19. Quand le Cyclope s'aperçoit qu'Ulysse et ses compagnons ont réussi à s'enfuir et à regagner leur barque, que fait-il?

20. Que demande le Cyclope à son père Neptune?

Pour vérifier vos réponses, servez-vous du corrigé à la page 226. Accordez-vous 5 points par bonne réponse. Inscrivez vos résultats dans votre cahier.

Exercice de lecture 3

Mon ami Fidor

Extrait *de Pieds nus dans l'aube* de Félix Leclerc[22]

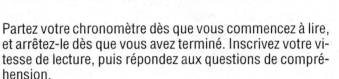

Partez votre chronomètre dès que vous commencez à lire, et arrêtez-le dès que vous avez terminé. Inscrivez votre vitesse de lecture, puis répondez aux questions de compréhension.

Les cheveux longs et blonds comme le foin mûr, deux yeux verts, un refrain au bec, la casquette de travers, je le revois les deux mains dans les poches, poussant du pied une boîte de fer-blanc.

Fidor, la revanche et l'orgueil des maigriots en guenilles!

Il grimpait à même des poteaux sans clous, des câbles sans nœuds, et savait l'art de donner son bras aux petites vieilles qui traversent la rue.

Ses parents, des Acadiens, étaient indigents. Nous savions que Fidor ne fréquentait pas l'école, le petit collège de briques où sont les pupitres vernis, le tableau noir, le maître et les cahiers. Il fréquentait l'autre école, la brutale, l'indisciplinée, la bousculeuse, qui exige des devoirs autrement plus difficiles que la première. Il fréquentait la rue, y ramassant ce qu'il pouvait au fil des trottoirs : parfois une idée saine habillée en pauvresse, plus souvent des mensonges vêtus en petits princes. Comment expliquer

---

22. Félix Leclerc, *Pieds nus dans l'aube*, Montréal, Éditions Fides, 1946, p. 43, 44, 46 et 47.

qu'il ne fût pas du clan des voyous ? C'eût été le plus redoutable chef-voyou du canton.

Fils de gens modestes, il avait hérité d'un cœur plus profond qu'une urne, que le bon Dieu n'avait pas laissé à sec. Il possédait par intuition la science des étoiles. Son livre de classe, dans lequel il lisait infiniment mieux que nous les écoliers, c'était la nature. Il n'avait jamais tué un oiseau, mais pouvait les prendre dans sa main. Les plantes vénéneuses, comme le bois d'enfer, les herbes à tisane comme l'herbe à dinde, l'herbe à éternuer comme le bouton d'argent, lui étaient connues. Dans sa cour, il nourrissait une corneille apprivoisée. Un dimanche, au rond de course, à la dernière minute, il remplaça le jockey malade et arriva bon premier avec un trotteur de petite réputation. Combien de fois la nuit, de nos fenêtres, nous l'avons vu courir au feu, pieds nus, derrière la voiture des pompiers, pour le plaisir de tenir les chevaux pendant que le charretier aidait à tirer les échelles. Souvent Fidor surgissait du sol et demandait la permission de conduire le cheval par la bride jusqu'aux écuries. Nos chiens obéissaient mieux à Fidor qu'à nous ; il leur avait enseigné à courir devant un lasso. Il disait que l'étoile de la mer renfermait des poissons, et celle du berger, des moutons. L'oreille collée sur les poteaux du fil électrique, il savait déchiffrer les messages. On lui prêtait, chez les pauvres du petit lac, un don de sourcier. Et le couteau à deux lames qu'il lançait dans le milieu d'un arbre sans jamais manquer, et la côte du lac qu'il descendait dans un pneu d'automobile...

J'étais son ami parce que j'avais son âge et que je demeurais dans sa rue, mais rien ne nous liait particulièrement l'un à l'autre [...].

La vie de Fidor devait ressembler à une rivière ordinaire qui soudain fait un cercle immense dans les tumultes pour cacher un lac; une rivière dont les bords tantôt remplis de joncs cachent des nids d'outardes, et tantôt nus et larges comme une piste d'envol rejoignent l'horizon. D'étranges et rares pensées devaient rôder sous ces cheveux de foin mûr …

À ce moment, nous longions la Vallée, laissant notre rue pour arriver près des pelouses et des jardins de la manufacture de pulpe, sise entre la côte du petit Lac et les bois du Saint-Maurice. À gauche d'une riche maison (le château des propriétaires de l'usine), s'étendait un champ de pacage qui limitait la forêt. Là, nous nous sommes cachés et Fidor a sifflé trois fois. À quoi devait donc aboutir cette mystérieuse course? Soudain, de la prairie a bondi un petit poney roux avec la lune blanche dans le front. Naseaux bien ouverts, piaffant de gentils coups de sabots, saluant comme s'il eût été dans l'arène, il s'est approché. Quel magicien était ce Fidor?

— Regarde-le, me dit-il doucement, sans surprise.

Le petit cheval, cou en arc, poitrail bombé, a couru vers nous. Fidor a plongé ses doigts dans le crin épais, lui a gratté la gorge avec ses ongles en me regardant. Il a sauté dans le clos; l'animal, sans hésiter, lui a donné ses pattes une par une. «Mets ta tête sur mon épaule», a-t-il dit, et le petit cheval a appuyé sa tête sur l'épaule de son ami. Revenu sur la clôture, Fidor a dit en collant les yeux sur la bête:

— Depuis deux ans que je corde le bois chez les autres et porte des messages par la ville; j'ai pelleté des tonnes de neige, j'ai été *water-boy* dans la construction de la route, j'ai risqué ma vie en peinturant le mât chez les Anglais…

Il s'est arrêté.

— Pour lui?

— Oui, m'a répondu Fidor. Il est vendu, il s'en va tout à l'heure.

C'était la première vraie peine que l'on me confiait. J'en étais bouleversé et ravi. Depuis deux ans, Fidor apportait chaque jour à l'usine le dîner à son père; c'est ainsi qu'il avait pris l'habitude de passer près du clos. Du maréchal-ferrant chargé des écuries, il avait su la vente de Tacheté qui, jusque-là, avait appartenu aux petits Anglais du château.

— Un camion va venir le prendre. Des riches l'ont acheté.

Il monologuait lentement comme s'il avait été seul. Le petit cheval, un pied en l'air, le guettait, surveillait ses paroles, semblable à un dessin pour enfants.

Un homme à cheval a paru soudain du côté des écuries. Fidor et moi avons reculé derrière les premiers arbres du bois. Le cavalier a passé à dix pieds de nous au grand galop de sa monture, a fait peur au poney qui s'est enfui en hennissant vers les étables. La barrière s'est refermée. On a entendu le bruit d'un gros camion qui se déplace, des mots en anglais, des ordres, un piaffement sur des planches, une porte avec un bruit de chaînes. Quelques minutes plus tard, le camion sortait par devant le château, disparaissait sur la route en soulevant beaucoup de poussière.

C'était fini. Fidor lançait des poignées d'herbe à terre en disant:

— Quand on est pauvre!

Pouces aux poches, il avait une attitude qui demandait: «Veux-tu, nous serons deux amis, parce qu'il y a tellement de souffrances à avaler?...» Ma réponse était nette. Tête basse, nous avons dénoué notre chemin. Près de l'entrepôt Grandlac, il m'a confié en haussant les épaules comme un philosophe:

— Ça s'en vient tranquillement.

— Qu'est-ce qui s'en vient?

Avec son poing, il a frappé devant lui un bon coup comme dans le front d'un ennemi qui l'attaquait:

— La brutalité, dit-il. Tu vois? Peut-être...

— Peut-être... quoi?

— Nous ne serons pas toujours des enfants!

Comme un mioche sur l'épaule de son père entrevoit vaguement la parade qui se passe là-bas, le premier, Fidor me fit entrevoir au loin le spectacle confus, rythmé et dur d'un peuple en marche où je devais entrer un jour, une sorte de scène inévitable, attirante et cruelle où l'on va chacun son tour essayer ses forces. Et j'ai connu le pincement dans le ventre, ma première crainte mêlée d'un violent désir de me battre, aussi ma première soif de nouvelles hors de la maison. Il marchait à ma droite, vainqueur, superbe, le torse bombé sous un gilet en loques, jambes nues, éraflées comme un héros qui revient d'un lointain massacre. J'ai emboîté son pas, et j'ai respiré moi aussi jusqu'au fond, et j'ai branlé les bras en marchant : gauche, droite, gauche, droite, nous serions deux amis, il m'apprendrait le nom de toutes les étoiles.

Nombre de mots dans le texte : 1312

Pour calculer votre vitesse de lecture, divisez le nombre de mots (1312) par le nombre de minutes que cette lecture vous a demandé et inscrivez votre réponse dans votre cahier.

Évaluez maintenant votre compréhension du texte en répondant aux questions suivantes, sans revenir au texte. Notez vos réponses sur une feuille ou dans votre cahier.

1. Décrivez brièvement Fidor en nommant deux de ses caractéristiques physiques.

2. Pourquoi pouvait-on dire que Fidor était un bon grimpeur ?

3. Comment Fidor se conduisait-il avec les vieilles femmes ?

4. Quelle école Fidor fréquentait-il ?
   a) L'école publique.
   b) Le petit collège de briques.
   c) L'école de la rue.

5. Quelle était la situation sociale de ses parents ?

6. Fidor faisait partie du clan des voyous. Vrai ou faux ?

7. Quelle science Fidor possédait-il ?

8. Dans quel livre Fidor avait-il puisé ses connaissances sur les oiseaux et les herbes ?

9. Quel genre d'oiseau Fidor avait-il apprivoisé ?

10. Comment sait-on que Fidor montait bien à cheval?

11. Que faisait Fidor la nuit?

12. Fidor avait enseigné aux chiens à…
    a) surveiller un troupeau.
    b) sauter dans un cerceau.
    c) courir devant un lasso.

13. Quel don les pauvres prêtaient-ils à Fidor?

14. Fidor avait-il beaucoup d'amis?

15. Pour quelle raison le narrateur était-il l'ami de Fidor?

16. À quoi le narrateur comparait-il la vie de Fidor?

17. Qu'ont découvert les deux enfants dans le pacage près de la maison des riches propriétaires?

18. Qu'est-ce que Fidor a demandé au poney?

19. Pourquoi les deux enfants étaient-ils tristes?

20. Pourquoi Fidor a-t-il demandé à son compagnon de devenir son ami?

Pour vérifier vos réponses, servez-vous du corrigé à la page 228. Accordez-vous 5 points par bonne réponse. Inscrivez vos résultats dans votre cahier.

Exercice de lecture 4

Les trois vieillards

Texte de Léon Tolstoï (conte de la région de la Volga)

Partez votre chronomètre dès que vous commencez à lire, et arrêtez-le dès que vous avez terminé. Inscrivez votre vitesse de lecture, puis répondez aux questions de compréhension.

L'archevêque d'Arkhangelsk avait pris place sur un bateau qui faisait voile de cette ville au monastère de Solovki. Parmi les passagers se trouvaient des pèlerins et de ceux que l'on nomme «saints».

L'archevêque se mit à marcher d'un bout à l'autre du pont. Arrivé à la proue, il vit un groupe qui s'y était rassemblé. De la main, un petit paysan désignait quelque chose au large et parlait tandis que les autres l'écoutaient.

L'archevêque s'approcha pour mieux écouter. Le petit paysan l'ayant aperçu ôta son bonnet et se tut. Les autres de même, à la vue de l'archevêque, se découvrirent et s'inclinèrent avec respect.

— Ne vous gênez pas, mes amis, dit le prélat. Je suis venu, moi aussi, écouter ce que tu dis, brave homme.

— Le petit pêcheur nous parlait des vieillards, dit un marchand qui s'était enhardi.

— De quels vieillards s'agit-il? demanda l'archevêque. Raconte-moi donc cela, je t'écoute. Que montrais-tu?

— Là-bas, cet îlot là-bas, dit le paysan en pointant du doigt devant lui à bâbord. Il y a là-bas, dans cette île, des vieillards qui vivent pour le salut de leur âme.

— Je ne la vois pas, dit l'archevêque. Et qui sont donc les vieillards qui vivent dans cette île ?

— Des hommes de Dieu, répondit le paysan. Il y a longtemps que j'entends parler d'eux, mais je n'avais jamais eu l'occasion de les voir. Or, l'an dernier, je les ai vus.

Et le pêcheur raconta comment, parti pour la pêche l'année précédente, une tempête l'avait jeté sur cet îlot qui lui était inconnu.

Au matin, comme il explorait les lieux, il tomba sur une petite hutte au seuil de laquelle il vit un vieillard, et d'où ensuite deux autres sortirent. Ils lui donnèrent à manger, firent sécher ses vêtements et l'aidèrent à réparer son bateau.

— Comment sont-ils ? s'enquit l'archevêque.

— L'un est petit, légèrement voûté, très vieux. Il porte une vieille soutane et doit être plus que centenaire. La blancheur de sa barbe tourne au vert, cependant il sourit toujours et il est pur comme un ange des cieux.

L'autre, un peu plus grand, est vieux aussi et porte un caftan tout déguenillé. Sa barbe chenue s'étale, jaunâtre, mais l'homme est fort.

Le troisième est très grand, sa barbe lui descend jusqu'aux genoux comme un fleuve de neige. Il est tout nu, sauf une natte en guise de ceinture.

— Ont-ils causé avec toi ? demanda l'archevêque.

— Ils besognaient en silence et se parlaient fort peu. J'ai demandé au plus vieux s'ils vivaient là depuis long-temps.

Il se renfrogna, murmura quelque chose, comme si décidément il était fâché. Mais aussitôt, le petit vieux le saisit par la main, sourit, et le grand se tut. Rien qu'une parole de douceur et un sourire.

Tandis que le paysan parlait ainsi, le navire s'était rapproché des îles.

L'archevêque regarda et il vit en effet une bande noire : c'était un îlot. Il alla chercher le commandant.

— Quel est donc cet îlot qu'on aperçoit là-bas ?

— Il n'a pas de nom. Il y en a un grand nombre par ici.

— Est-il vrai que trois vieillards y vivent pour le salut de leur âme ?

— On le dit, Éminence. Mais je n'en sais rien. Des pêcheurs, à ce qu'on prétend, les auraient vus. Mais ce sont peut-être des racontars.

— Je voudrais m'arrêter un peu dans cet îlot, voir ces vieillards, dit le prélat. Comment faire ?

— J'ose déclarer à Votre Éminence qu'il ne vaut vrai-ment pas la peine de les voir, répondit le commandant. J'ai entendu dire que ces vieillards étaient stupides. Ils ne comprennent rien et sont muets comme des carpes.

— Je désire les voir, insista le prélat. Je paierai pour la peine ; qu'on m'y conduise.

Il n'y avait rien à faire. En conséquence, des ordres furent donnés aux matelots et le navire mit le cap sur l'île.

Pendant ce temps, les pèlerins, qui s'étaient rassemblés à l'avant, tenaient les yeux fixés vers l'île. Ceux dont le regard était le plus perçant voyaient déjà les pierres de l'île et montraient une petite hutte.

Le commandant s'approcha de l'archevêque :

— C'est ici, Éminence, que nous devons stopper. Si vraiment vous y tenez, vous prendrez place dans un canot pendant que nous resterons à l'ancre.

On retira le canot et on le mit à la mer. Arrivés à la distance d'un jet de pierre, ils virent apparaître les trois vieillards : un grand tout nu, ceint d'une natte ; un autre de taille moyenne au caftan déchiré et un petit, voûté, couvert d'une vieille soutane.

Tous les trois se tenaient par la main.

Les rameurs s'arrêtèrent pour amarrer l'embarcation. L'archevêque descendit.

Les vieillards firent un salut profond. L'archevêque les bénit, et eux le saluèrent encore plus bas. Puis l'archevêque leur adressa la parole :

— J'ai entendu dire que vous étiez ici, vieillards du bon Dieu, afin de sauver votre âme en priant Notre-Seigneur pour les péchés des hommes.

Les vieillards sourirent en silence et se regardèrent.

— Dites-moi comment vous faites votre salut et servez Dieu, demanda le prélat.

Le second des vieillards poussa un soupir et regarda le grand, puis le petit; le grand se renfrogna et regarda dans le vide. Quant au dernier, il dit avec un sourire :

— Nous ignorons, serviteur de Dieu, comment on sert Dieu, dit le plus vieux. Nous ne servons que nous-mêmes en pourvoyant à notre subsistance.

— Comment faites-vous donc pour prier Dieu ?

Et le petit vieux dit :

— Nous prions en disant : « Vous êtes trois, nous sommes trois, ayez pitié de nous. »

Et à peine eut-il prononcé ces mots que les trois vieillards levèrent les yeux vers le ciel et reprirent en chœur :

— Vous êtes trois, nous sommes trois, ayez pitié de nous.

L'archevêque sourit et demanda :

— Vous avez sans doute entendu parler de la sainte Trinité, mais vous ne priez pas comme il faut. Je vais vous instruire. Écoutez et répétez ensuite mes paroles.

Et l'archevêque dit :

— Notre Père...

L'un des vieillards répéta :

— Notre Père...

Le second et le troisième à tour de rôle :

— Notre Père...

— ... Qui êtes aux Cieux...

— ... Qui êtes aux Cieux...

Mais le second des vieillards s'embrouilla dans les mots et ne prononça pas comme il fallait ; le vieillard nu ne parvenait pas non plus à bien articuler.

L'archevêque répéta ; les vieillards répétèrent après lui.

Toute la journée, jusqu'au soir, l'archevêque poursuivit sa tâche ; dix fois, vingt fois, cent fois il répétait le même mot, que les vieillards reprenaient ensuite.

L'archevêque ne quitta pas les vieillards qu'il ne leur eût enseigné tout le *Pater*. Ils étaient parvenus à le réciter d'eux-mêmes.

Ce fut le second vieillard qui le comprit le plus vite et le redit tout d'une traite. Le prélat lui ordonna de le répéter plusieurs fois de suite jusqu'à ce que les autres eussent appris à le réciter.

Le crépuscule tombait déjà et la lune montait de la mer quand l'archevêque se leva pour rejoindre le navire.

Et tandis que l'archevêque revenait vers le navire, il entendit les trois vieillards réciter tout haut le *Pater*.

Une fois à bord, l'archevêque gagna la poupe et ne cessait de regarder l'îlot. Les pèlerins s'étaient couchés pour dormir, et tout était calme sur le pont. Mais l'archevêque n'avait pas sommeil. Il se tenait seul à la poupe, regardant là-bas la mer où l'îlot avait disparu.

Soudain, une lueur miroita à ses yeux : quelque chose comme une lumière qui vacillait çà et là au gré des flots. Elle brilla tout à coup et blanchit dans le sillage lumineux de la lune. Était-ce un oiseau, une mouette ou bien une voile qui produisait cette tache de blancheur ?

Le prélat cligna des yeux pour mieux voir : « C'est un bateau, se dit-il, sa voile nous suit. Il ne tardera certes pas à nous rejoindre. Tout à l'heure, il était fort loin, maintenant on le distingue tout à fait. »

L'archevêque se leva de son siège et alla trouver le pilote :

— Regarde, qu'est-ce donc, frère ? Qu'y a-t-il là-bas ? demanda l'archevêque.

Mais déjà, il vit que c'étaient les trois vieillards. Ils marchaient sur la mer, tout blancs, leurs barbes blanches resplendissant, et ils se rapprochaient du navire qui avait l'air d'être immobilisé.

Le pilote regarda autour de lui, terrifié ; il quitta le gouvernail et cria tout haut :

— Seigneur ! Les vieillards nous suivent en courant sur la mer comme sur la terre ferme !

Les pèlerins, qui avaient entendu, se levèrent et vinrent précipitamment sur le pont. Tous voyaient les vieillards accourir en se tenant par la main ; les deux du bout faisaient signe au navire de s'arrêter. Tous trois couraient sur l'eau comme sur la terre ferme, sans que leurs pieds parussent remuer.

On n'eut pas le temps de stopper que déjà, ils étaient à hauteur du navire. Ils avancèrent tout près du bord, levèrent la tête et dirent d'une seule voix :

— Serviteur de Dieu, nous avons oublié ton enseignement ! Tant que nous avons redit les mots, nous nous en sommes souvenus ; mais une heure après que nous eûmes cessé de les redire, un mot a sauté de notre mémoire.

Nous avons tout oublié, tout s'est perdu. Nous ne nous rappelons de rien. Enseigne-nous de nouveau.

L'archevêque fit un signe de croix, se pencha vers les vieillards et dit :

— Votre prière a monté jusqu'à Dieu, saints vieillards. Ce n'est pas à moi de vous enseigner. Priez pour nous, pauvres pécheurs !

Et l'archevêque se prosterna devant les vieillards. Et les vieillards, qui s'étaient arrêtés, se détournèrent et reprirent leur chemin sur les eaux. Et jusqu'à l'aube, il y eut une lueur sur la mer, du côté où les vieillards avaient disparu.

Nombre de mots dans le texte : 1681

Pour calculer votre vitesse de lecture, divisez le nombre de mots (1681) par le nombre de minutes que cette lecture vous a demandé et inscrivez votre réponse dans votre cahier.

Évaluez maintenant votre compréhension du texte en répondant aux questions suivantes, sans revenir au texte. Notez vos réponses sur une feuille ou dans votre cahier.

1. Le bateau sur lequel voyageait l'archevêque était en route vers…
   a) le marché de Solovki.
   b) l'archevêché.
   c) un monastère.

2. De qui parlait le petit paysan aux gens qui s'étaient regroupés autour de lui ?

3. Comment le pêcheur a-t-il rencontré les vieillards?

4. Les trois vieillards habitaient…
   a) une caverne.
   b) une petite hutte.
   c) une maison faite en pierre.

5. Quelle fut la réaction des vieillards quand ils aperçurent le pêcheur sur leur îlot?

6. Donnez quelques caractéristiques physiques des vieillards.

7. Quel était le nom de l'îlot où demeuraient les trois vieillards?
   a) Île des Vieillards.
   b) Île du Pêcheur.
   c) L'île n'a pas de nom.

8. Que demanda l'archevêque au commandant du bateau?

9. Que pensait le commandant de ces vieillards?

10. Le commandant accompagna l'archevêque sur l'îlot. Vrai ou faux?

11. Que se passa-t-il lorsque le prélat vint les rencontrer?
    a) Les vieillards firent un salut profond et le prélat les bénit.
    b) Ils s'agitaient, gesticulaient et pleuraient.
    c) Ils se sauvèrent et se cachèrent.

12. Quel projet l'archevêque entreprit-il avec les vieillards?

13. Combien de temps lui fallut-il pour mener à bien sa tâche?

14. En quittant les vieillards, l'archevêque…
    a) pouvait les entendre réciter à haute voix.
    b) pensait qu'ils n'oublieraient jamais cette prière.
    c) prononçait en même temps qu'eux les paroles du *Pater*.

15. À mesure que le bateau s'éloignait de l'île, les passagers…
    a) s'empressèrent de demander à l'archevêque de leur racon-
       ter ce qui s'était passé.
    b) commençaient à s'endormir.
    c) regardaient la mer du côté où l'îlot avait disparu.

16. Décrivez comment les trois vieillards paraissaient se dépla-
    cer sur l'eau.

17. Pourquoi désiraient-ils parler de nouveau à l'archevêque?

18. Quel conseil l'archevêque leur avait-il donné?

19. Quels étaient les mots de la prière originale des trois vieil-
    lards?

20. Qu'y a-t-il de particulier sur la mer après le départ des vieil-
    lards?

Pour vérifier vos réponses, servez-vous du corrigé à la page 230.
Accordez-vous 5 points par bonne réponse. Inscrivez vos résultats dans votre cahier.

Exercice de lecture 5

Manuscrit trouvé dans une bouteille

Tiré de *Histoires extraordinaires*, d'Edgar Allan Poe[23]

> Partez votre chronomètre dès que vous commencez à lire,
> et arrêtez-le dès que vous avez terminé. Inscrivez votre vi-
> tesse de lecture, puis répondez aux questions de compré-
> hension.

Notre bâtiment était un bateau d'environ quatre cents tonneaux, doublé en cuivre et construit à Bombay, en teck de Malabar. Il était frété de coton, de laine et d'huile des Laquedives. Nous avions aussi à bord du filin de cocotier, du sucre de palmier, de l'huile de beurre bouilli, des noix de coco, et quelques caisses d'opium. L'arrimage avait été mal fait, et le navire conséquemment donnait de la bande.

Nous mîmes sous voiles avec un souffle de vent, et pendant plusieurs jours nous restâmes le long de la côte orientale de Java, sans autre incident pour tromper la monotonie de notre route que la rencontre de quelques-uns des petits grabs de l'archipel où nous étions confinés.

Un soir, comme j'étais appuyé sur le bastingage de la dunette, j'observai un très singulier nuage, isolé, vers le nord-ouest. Il était remarquable autant par sa couleur que parce qu'il était le premier que nous eussions vu depuis notre départ de Batavia. Je le surveillai attentivement jusqu'au coucher du soleil; alors il se répandit tout d'un

---

23. Edgar Allan Poe, *Histoires extraordinaires*, Paris, Éditions Gallimard, coll. Folio, 1973, p. 236-241.

213

coup de l'est à l'ouest, cernant l'horizon d'une ceinture précise de vapeur, et apparaissant comme une longue ligne de côte très basse. Mon attention fut bientôt après attirée par l'aspect rouge-brun de la lune et le caractère particulier de la mer. Cette dernière subissait un changement rapide, et l'eau semblait plus transparente que d'habitude. Je pouvais distinctement voir le fond, et cependant, en jetant la sonde, je trouvai que nous étions sur quinze brasses. L'air était devenu intolérablement chaud et se chargeait d'exhalaisons spirales semblables à celles qui s'élèvent du fer chauffé. Avec la nuit, toute brise tomba, et nous fûmes pris par un calme plus complet qu'il n'est possible de le concevoir. La flamme de la bougie brûlait à l'arrière sans le mouvement le moins sensible, et un long cheveu tenu entre l'index et le pouce tombait droit et sans la moindre oscillation. Néanmoins, comme le capitaine disait qu'il n'apercevait aucun symptôme de danger, et comme nous dérivions vers la terre par le travers, il commanda de carguer les voiles et de filer l'ancre. On ne mit point de vigie de quart, et l'équipage, qui se composait principalement de Malais, se coucha délibérément sur le pont. Je descendis dans la chambre – non sans le parfait pressentiment d'un malheur. En réalité, tous ces symptômes me donnaient à craindre un simoun. Je parlai de mes craintes au capitaine ; mais il ne fit pas attention à ce que je lui disais, et me quitta sans daigner me faire une réponse. Mon malaise, toutefois, m'empêcha de dormir, et vers minuit, je montai sur le pont. Comme je mettais le pied sur la dernière marche du capot d'échelle, je fus effrayé par un profond bourdonnement semblable à celui que produit l'évolution rapide d'une roue de moulin, et avant que j'eusse pu en vérifier la cause, je sentis que le navire tremblait dans son centre. Presque aussitôt, un coup de mer nous jeta sur le côté, et, courant par-dessus nous, balaya tout le pont de l'avant à l'arrière.

L'extrême furie du coup de vent fit, en grande partie, le salut du navire. Quoiqu'il fût absolument engagé dans l'eau, comme ses mâts s'en étaient allés par-dessus bord, il se releva lentement une minute après, et, vacillant quelques instants sous l'immense pression de la tempête, finalement il se redressa.

Par quel miracle échappai-je à la mort, il m'est impossible de le dire. Étourdi par le choc de l'eau, je me trouvai pris, quand je revins à moi, entre l'étambot et le gouvernail. Ce fut à grand-peine que je me remis sur mes pieds, et regardant vertigineusement autour de moi, je fus frappé de l'idée que nous étions sur des brisants, tant était effrayant, au-delà de toute imagination, le tourbillon de cette mer énorme et écumante dans laquelle nous étions engouffrés. Au bout de quelques instants, j'entendis la voix du vieux Suédois qui s'était embarqué avec nous au moment où nous quittions le port. Je le hélai de toute ma force, et il vint en chancelant me rejoindre à l'arrière. Nous reconnûmes bientôt que nous étions les seuls survivants du sinistre. Tout ce qui était sur le pont, nous exceptés, avait été balayé par-dessus bord ; le capitaine et les matelots avaient péri pendant leur sommeil, car les cabines avaient été inondées par la mer. Sans auxiliaires, nous ne pouvions pas espérer de faire grand-chose pour la sécurité du navire, et nos tentatives furent d'abord paralysées par la croyance où nous étions que nous allions sombrer d'un moment à l'autre. Notre câble avait cassé comme un fil d'emballage, au premier souffle de l'ouragan ; sans cela, nous eussions été engloutis instantanément. Nous fuyions devant la mer avec une vélocité effrayante, et l'eau nous faisait des brèches visibles. La charpente de notre arrière était excessivement endommagée, et, presque sous tous les rapports, nous avions essuyé de cruelles avaries; mais, à notre grande joie, nous trouvâmes que les pompes n'étaient pas engorgées; et que notre chargement n'avait pas été très dérangé.

La plus grande furie de la tempête était passée, et nous n'avions plus à craindre la violence du vent; mais nous pensions avec terreur au cas de sa totale cessation, bien persuadés que, dans notre état d'avarie, nous ne pourrions pas résister à l'épouvantable houle qui s'ensuivrait; mais cette très juste appréhension ne semblait pas si près de se vérifier. Pendant cinq nuits et cinq jours entiers, durant lesquels nous vécûmes de quelques morceaux de sucre de palmier tirés à grand-peine du gaillard d'avant, notre coque fila avec une vitesse incalculable devant des reprises de vent qui se succédaient rapidement, et qui, sans égaler la première violence du simoun, étaient cependant plus terribles qu'aucune tempête que j'eusse essuyée jusqu'alors. Pendant les quatre premiers jours, notre route, sauf de très légères variations, fut au sud-est quart de sud, et ainsi nous serions allés nous jeter sur la côte de la Nouvelle-Hollande.

Le cinquième jour, le froid devint extrême, quoique le vent eût tourné d'un point vers le nord. Le soleil se leva avec un éclat jaune et maladif, et se hissa à quelques degrés à peine au-dessus de l'horizon, sans projeter une lumière franche. Il n'y avait aucun nuage apparent, et cependant le vent fraîchissait, fraîchissait, et soufflait avec des accès de furie. Vers midi, ou à peu près, autant que nous en pûmes juger, notre attention fut attirée de nouveau par la physionomie du soleil. Il n'émettait pas de lumière, à proprement parler, mais une espèce de feu sombre et triste, sans réflexion, comme si tous les rayons étaient polarisés. Juste avant de plonger dans la mer grossissante, son feu central disparut soudainement, comme s'il était brusquement éteint par une puissance inexplicable. Ce n'était plus qu'une roue pâle et couleur d'argent, quand il se précipita dans l'insondable Océan.

Nous attendîmes en vain l'arrivée du sixième jour ; – ce jour n'est pas encore arrivé pour moi –, pour le Suédois il n'est jamais arrivé. Nous fûmes dès lors ensevelis dans des ténèbres de poix, si bien que nous n'aurions pas vu un objet à vingt pas du navire. Nous fûmes enveloppés d'une nuit éternelle que ne tempérait même pas l'éclat phosphorique de la mer auquel nous étions accoutumés sous les tropiques. Nous observâmes aussi que, quoique la tempête continuât à faire rage sans accalmie, nous ne découvrions plus aucune apparence de ce ressac et de ces moutons qui nous avaient accompagnés jusque-là. Autour de nous, tout n'était qu'horreur, épaisse obscurité, un noir désert d'ébène liquide. Une terreur superstitieuse s'infiltrait par degrés dans l'esprit du vieux Suédois, et mon âme, quant à moi, était plongée dans une muette stupéfaction. Nous avions abandonné tout soin du navire, comme chose plus qu'inutile, et, nous attachant de notre mieux au tronçon de mât de misaine, nous promenions nos regards avec amertume sur l'immensité de l'Océan. Nous n'avions aucun moyen de calculer le temps, et nous ne pouvions former aucune conjoncture sur notre situation. Nous étions néanmoins bien sûrs d'avoir été plus loin dans le sud qu'aucun des navigateurs précédents, et nous éprouvions un grand étonnement de ne pas rencontrer les obstacles ordinaires de glace. Cependant, chaque minute menaçait d'être la dernière – chaque énorme vague se précipitait pour nous écraser. La houle surpassait tout ce que j'avais imaginé comme possible, et c'était un miracle de chaque instant que nous ne fuissions pas engloutis. Mon camarade parlait de la légèreté de notre chargement, et me rappelait les excellentes qualités de notre bateau ; mais je ne pouvais m'empêcher d'éprouver l'absolu renoncement du désespoir, et je me préparais mélancoliquement à cette mort que rien, selon moi, ne pouvait différer au-delà d'une heure, puisque, à chaque nœud que filait le navire, la houle de cette mer noire et prodigieuse devenait plus lugubrement effrayante. Parfois, à une hauteur plus grande que celle de l'albatros, la respiration nous manquait, et d'autre fois nous étions pris de vertige en descendant avec une horrible vélocité dans un enfer liquide où l'air devenait stagnant, et où aucun son ne pouvait troubler les sommeils du kraken.

Nous étions au fond de ces abîmes, quand un cri soudain de mon compagnon éclata sinistrement dans la nuit. — Voyez ! Voyez ! — me criait-il dans les oreilles ; — Dieu tout-puissant ! Voyez ! Voyez ! Comme il parlait, j'aperçus une lumière rouge, d'un éclat sombre et triste, qui flottait sur le versant du gouffre immense où nous étions ensevelis, et jetait à notre bord un reflet vacillant. En levant les yeux, je vis un spectacle qui glaça mon sang. À une hauteur terrifiante, juste au-dessus de nous et sur la crête même du précipice, planait un navire gigantesque, de quatre mille tonneaux peut-être. Quoique juché au sommet d'une vague, qui avait bien cent fois sa hauteur, il paraissait d'une dimension beaucoup plus grande que celles d'aucun vaisseau de ligne ou de la Compagnie des Indes. Son énorme coque était d'un noir profond que ne tempérait aucun des ornements ordinaires d'un navire. Une simple rangée de canons s'allongeait de ses sabords ouverts et renvoyait, réfléchis par leurs surfaces polies, les feux d'innombrables fanaux de combat qui se balançaient dans le gréement. Mais ce qui nous inspira le plus d'horreur et d'étonnement, c'est qu'il marchait toutes voiles dehors, en dépit de cette mer surnaturelle et de cette tempête effrénée. D'abord, quand nous l'aperçûmes, nous ne pouvions voir que son avant, parce qu'il ne s'élevait que lentement du noir et horrible gouffre qu'il laissait derrière lui. Pendant un moment, – moment d'intense terreur –, il fit une pause sur ce sommet vertigineux, comme dans l'enivrement de sa propre élévation, – puis trembla, – s'inclina –, et enfin – glissa sur la pente.

En ce moment, je ne sais quel sang-froid soudain maîtrisa mon esprit. Me rejetant autant que possible vers l'arrière, j'attendis sans trembler la catastrophe qui devait nous écraser. Notre propre navire, à la longue, ne luttait plus contre la mer et plongeait de l'avant. Le choc de la masse précipitée le frappa conséquemment dans cette partie de la charpente qui était déjà sous l'eau, et eut pour résultat inévitable de me lancer dans le gréement de l'étranger.

Nombre de mots contenus dans le texte : 1961

Pour calculer votre vitesse de lecture, divisez le nombre de mots (1961) par le nombre de minutes que cette lecture vous a demandé et inscrivez votre réponse dans votre cahier.

Évaluez maintenant votre compréhension du texte en répondant aux questions suivantes, sans revenir au texte. Notez vos réponses sur une feuille ou dans votre cahier.

1. Au début du voyage, le narrateur fit quelques observations qui attirèrent un moment son attention. Nommez-en une.

2. Que décida de faire la capitaine afin que le bateau cesse de dériver ?

3. Où l'équipage dormait-il ?

4. Qui était le seul autre survivant, à part le narrateur ?

5. Quelle partie du bateau fut très endommagée ?

6. Après cinq jours à dériver dans la tempête, quelle tournure prit la température ?

7. Quel phénomène attira alors la terreur superstitieuse du vieux Suédois ?

8. Vers quelle partie du globe le navire dérivait-il ?

9. Quelle apparition soudaine remplit les deux hommes de terreur ?

10. Quelle fin surprenante attend le narrateur ?

Pour vérifier vos réponses, servez-vous du corrigé à la page 233. Accordez-vous 10 points par bonne réponse. Inscrivez vos résultats dans votre cahier.

Corrigé

Solution au test de vitesse de départ:
La cupidité

1. Quelle particularité des Bachkirs Paholk a-t-il aimée? **Ils n'attachaient aucune valeur à la terre.**

2. Quel prix fut établi pour le terrain? **Mille roubles, peu importe la superficie.**

3. De quelle façon Paholk a-t-il mesuré le terrain? **En marchant du lever au coucher du soleil et en creusant des trous à intervalles fixes en guise de repères.**

4. Quelle condition avait-il à remplir? **Paholk devait regagner son point de départ avant que le soleil se couche.**

5. Les Bachkirs ont découragé Paholk dans sa démarche. Vrai ou faux? **Faux.**

6. Plus Paholk avançait, plus la terre était pauvre. Vrai ou faux? **Faux.**

7. Avant d'arriver au but, Paholk crut avoir failli à deux occasions. Lesquelles? **Il était épuisé et s'écroula une première fois alors que le soleil commençait à décliner. Il tomba une seconde fois, croyant qu'il était trop tard,**

jusqu'à ce qu'il réalise qu'il se trouvait dans un creux et qu'il lui restait quelques instants, car les Bachkirs étaient sur une butte et voyaient encore le soleil.

8. Quel commentaire lança le chef au sujet de Paholk quand celui-ci eut atteint son but? «**Voilà un homme fort et décidé. Il s'est mérité une belle parcelle de terrain.**»

9. Paholk a gagné son terrain, mais à quel prix? **Il y a laissé sa vie.**

10. Combien de terrain Paholk utilisa-t-il finalement? **La grandeur d'une tombe, moins de deux mètres de long.**

Solution au test de vitesse de lecture: *L'alarme maternelle*

1. Quand la mère laissait-elle son fils avec le père?
   a) Lorsqu'elle se rendait à son travail.
   b) **Lorsqu'elle allait au marché.**
   c) Lorsqu'elle recevait des invités.

2. Quelle était la profession du père? **Il était enseignant (ou professeur).**

3. Par quels gestes l'enfant était-il fasciné? **Par les gestes de son père tenant une baguette qui lui servait à montrer les lettres au tableau et quelquefois à frapper sur les doigts d'un élève distrait.**

4. Quelle découverte surprit beaucoup le père ce jour-là? **Il se rendit compte que son fils savait lire.**

5. Quelle fut la réaction de la mère à son retour? **Elle pâlit, referma le livre et emporta son fils dans ses bras.**

6. Qui était allé chercher la mère? **La concierge.**

7. Que craignait la concierge? **Elle craignait que les professeurs fassent éclater le cerveau de l'enfant.**

8. Le père affirma que son fils avait accompli son exploit…
   a) en raison de son intelligence supérieure.
   b) avec l'aide des autres enfants.
   c) **comme un perroquet apprend à parler.**

9. Par quel geste tendre la maman continua-t-elle de manifester son inquiétude ? **Elle posait sa main sur le front de l'enfant en lui demandant s'il n'avait pas mal à la tête.**

10. Qu'interdisait-on au petit garçon de faire jusqu'à l'âge de six ans ? **On lui interdisait d'entrer dans une classe ou d'ouvrir un livre.**

Solution à l'exercice d'écrémage 1

rap :	13	se :	16	ta :	13
ras :	15	sec :	15	tac :	13
rat :	10	sel :	20	tas :	12
ray :	11	ses :	12	te :	11
raz :	18	si :	11	ter :	14
ré :	20	sic :	9	tes :	18
rex :	20	sir :	17	thé :	13
rif :	17	soi :	15	tic :	16
ris :	8	sol :	16	tir :	15
rit :	8	son :	13	toc :	14
riz :	10	sos :	22	toi :	18
roc :	19	sot :	13	ton :	16
roi :	22	suc :	15	tôt :	19
rôt :	16	sud :	12	tri :	15
roy :	10	sur :	13	tu :	14
sa :	11	sûr :	14	tub :	13
sac :	11	sus :	11		

Solution à l'exercice de lecture 1 :
La migration d'automne

1. La migration des oiseaux s'échelonne…
   a) du milieu d'août à la fin de septembre.
   b) **du milieu d'août au milieu de novembre.**
   c) du milieu de septembre à la fin d'octobre.

2. Est-ce que tous les oiseux émigrent vers le sud ? **Non, certains retardataires restent.**

3. La majorité des oiseaux émigrent pour…
   a) éviter le froid.
   b) **trouver de la nourriture.**
   c) remonter à leur lieu de naissance afin de se reproduire.

4. Les oiseaux insectivores partent plus tard que les oiseaux de rivage. Vrai ou faux ? **Vrai.**

5. Quelle est leur destination ? **L'Amérique du Sud (ou le continent sud-américain).**

6. À combien estime-t-on le nombre d'oiseaux qui partent du Québec pour suivre, chaque année, la route vers le sud ?
   a) **À 100 millions d'oiseaux.**
   b) À 100 000 oiseaux.
   c) À 10 millions d'oiseaux.

7. Qu'est-ce qui annonce le moment du départ pour les oiseaux ? **Ils partent la nuit suivant le passage d'un front froid soufflant au-dessus de la côte atlantique en direction sud-est (ou lorsqu'un front froid souffle en direction du sud).**

8. Le long périple de plus de 3000 kilomètres prend aux oiseaux…
   a) 84 heures de vol, incluant les arrêts.
   b) **84 heures de vol sans arrêt.**
   c) 54 heures de vol sans arrêt.

9. En moyenne, la vitesse de vol des petits oiseaux migrateurs pour tout le périple est de...
   a) **35 km / heure.**
   b) 15 km / heure.
   c) 65 km / heure.

10. De quel instrument s'est-on servi pour observer le vol des oiseaux migrateurs ? **De radars (ou de groupes-radars).**

11. Les radars étaient-ils tous placés le long de la côte ? **Non, certains étaient sur des bateaux en mer.**

12. Quel est le facteur naturel qui vient influencer l'orientation que prennent les oiseaux durant leur vol ? **Les vents (ou le vent ou les conditions atmosphériques).**

13. En quelle année a eu lieu cette observation ? **En 1973.**

14. Pourquoi, dans cette recherche, parle-t-on du plus grand exploit en heures de vol et en distance parcourue ? **Parce que ce sont de très petits oiseaux (de la taille d'un moineau).**

15. Qu'arrive-t-il lorsqu'un brusque changement de température, une tempête, une tornade ou un cyclone surprend les oiseaux en vol ? **La plupart d'entre eux vont mourir.**

16. Quelles sont les probabilités que de tels incidents se produisent ?
   a) **2 %**
   b) 98 %
   c) 42 %

17. Il y a de nombreux avantages pour les oiseaux à survoler l'océan plutôt que la côte. Pouvez-vous en nommer un ? **La distance est plus courte, les vents du large sont généralement favorables, il y a moins de risques de rencontrer des oiseaux de proie.**

18. Si on comparait la performance de ces oiseaux de la grosseur d'un moineau, elle correspondrait à la performance d'un homme :
    a) **courant à 25 km/heure pendant 80 heures sans arrêt.**
    b) courant à 25 km/heure pendant 40 heures sans arrêt.
    c) courant à 15 km/heure pendant 80 heures sans arrêt.

19. Nommez une des caractéristiques physiques qui permettent aux oiseaux migrateurs d'effectuer ce long périple. **Leur musculature, leur système respiratoire, leur faculté de navigation, leur résistance, leur système sanguin.**

20. Après cette recherche, l'auteur prétend-il bien connaître ces oiseaux ? **Non. Selon lui, il nous en reste beaucoup à apprendre.**

Solution à l'exercice de lecture 2 : *Les aventures d'Ulysse*

1. Ulysse et ses compagnons débarquent sur l'île parce qu'ils veulent...
   a) découvrir de nouvelles terres.
   b) rendre visite au roi de l'île.
   c) **refaire leurs provisions.**

2. Une fois sur l'île, Ulysse et ses compagnons découvrent une grande bergerie dont le propriétaire est absent. Que suggèrent les compagnons d'Ulysse ?
   a) **De prendre des bêtes et du fromage et de s'en retourner au bateau.**
   b) De prendre le temps de faire un bon repas.
   c) De demander au propriétaire de leur vendre du lait, des fromages, des moutons et des chevreaux.

3. Ulysse et ses compagnons revenaient d'une guerre contre les Troyens. Vrai ou faux ? **Vrai.**

4. Comment le Cyclope Polyphème exprime-t-il son agressivité envers ses visiteurs ? **Il s'empare de deux des compagnons d'Ulysse, les écrase entre ses doigts et les mange.**

5. Quelle était la seule arme qu'Ulysse possédait ? **Un glaive.**

6. Pourquoi Ulysse ne réussit-il pas à attaquer le Cyclope Polyphème pendant la première nuit qu'il passe dans la grotte avec ses compagnons ? **Parce que le Cyclope se méfie d'eux et qu'il se dresse au moindre mouvement qu'ils font.**

7. Quelle est la première chose que le Cyclope Polyphème fait le matin suivant ?
   a) Il sort conduire son troupeau sans s'occuper d'eux.
   b) Il s'empare du glaive d'Ulysse.
   c) **Il mange deux autres compagnons d'Ulysse.**

8. Quelle idée germe dans l'esprit d'Ulysse lorsqu'il voit l'outre de vin qu'il a apportée en cadeau ? **Faire boire le vin au Cyclope pour l'enivrer et le plonger dans un sommeil profond.**

9. Quelle arme Ulysse et ses compagnons fabriquent-ils pour attaquer le Cyclope ? **Ils prennent un tronc d'olivier et fabriquent un long pieu.**

10. Que demande Ulysse en échange du vin qu'il donne au Cyclope Polyphème ? **De les libérer, lui et ses compagnons, et de leur laisser la vie sauve.**

11. Le Cyclope n'avait jamais bu de vin auparavant. Vrai ou faux ? **Faux.**

12. Que répond Ulysse quand le Cyclope Polyphème lui demande quel est son nom ? **Il lui répond que son est Personne.**

13. Pour remercier Ulysse de lui avoir donné du vin, que promet le Cyclope ? **De le manger en dernier.**

14. Que font Ulysse et ses compagnons quand le Cyclope est endormi? **Ils font chauffer le bout du pieu, puis ils enfoncent le pieu brûlant dans l'œil du Cyclope.**

15. Qui accourt lorsque le Cyclope blessé se met à hurler de douleur? **Les autres Cyclopes, ses voisins.**

16. Pourquoi les Cyclopes n'aident-ils pas Polyphème et repartent-ils? **Parce que Polyphème répond «Personne» quand les autres Cyclopes lui demandent qui l'a blessé.**

17. Comment Ulysse réussit-il à faire sortir ses compagnons de la grotte du Cyclope? **En attachant les béliers trois par trois et en fixant un de ses compagnons sous celui du milieu.**

18. Pourquoi Ulysse a-t-il peur quand il est sous le ventre du bélier conducteur du troupeau? **Parce que le Cyclope arrête le bélier pour lui parler et qu'il passe ses mains sur l'échine de l'animal.**

19. Quand le Cyclope s'aperçoit qu'Ulysse et ses compagnons ont réussi à s'enfuir et à regagner leur barque, que fait-il? **Il s'empare d'un immense roc et le lance dans leur direction.**

20. Que demande le Cyclope à son père Neptune? **De faire en sorte qu'Ulysse et ses compagnons ne retournent jamais dans leur pays.**

Solution à l'exercice de lecture 3: *Mon ami Fidor*

1. Décrivez brièvement Fidor en nommant deux de ses caractéristiques physiques. **Cheveux longs et blonds, yeux verts, refrain au bec, casquette de travers, mains dans les poches, poussant du pied une boîte de fer-blanc.**

2. Pourquoi pouvait-on dire que Fidor était un bon grimpeur? **Parce qu'il pouvait grimper à des poteaux sans clous et à des câbles sans nœuds.**

3. Comment Fidor se conduisait-il avec les vieilles femmes? **Il donnait le bras aux vieilles dames qui traversaient la rue.**

4. Quelle école Fidor fréquentait-il?
   a) L'école publique.
   b) Le petit collège de briques.
   c) **L'école de la rue.**

5. Quelle était la situation sociale de ses parents? **Ils étaient des gens modestes et pauvres.**

6. Fidor faisait partie du clan des voyous. Vrai ou faux? **Faux.**

7. Quelle science Fidor possédait-il? **La science des étoiles.**

8. Dans quel livre Fidor avait-il puisé ses connaissances sur les oiseaux et les herbes? **Dans le livre de la nature.**

9. Quel genre d'oiseau Fidor avait-il apprivoisé? **Une corneille.**

10. Comment sait-on que Fidor montait bien à cheval? **Un dimanche, au rond de course, à la dernière minute, il a remplacé le jockey malade et est arrivé bon premier.**

11. Que faisait Fidor la nuit? **Il courait au feu, accompagnant les pompiers.**

12. Fidor avait enseigné aux chiens à…
    a) surveiller un troupeau.
    b) sauter dans un cerceau.
    c) **courir devant un lasso.**

13. Quel don les pauvres prêtaient-ils à Fidor? **Le don de sourcier.**

14. Fidor avait-il beaucoup d'amis? **Non, le narrateur était son seul ami.**

15. Pour quelle raison le narrateur était-il l'ami de Fidor? **Parce qu'ils avaient le même âge et qu'ils demeuraient dans la même rue.**

16. À quoi le narrateur comparait-il la vie de Fidor? **À une rivière.**

17. Qu'ont découvert les deux enfants dans le pacage près de la maison des riches propriétaires? **Un poney.**

18. Qu'est-ce que Fidor a demandé au poney? **De mettre sa tête sur son épaule.**

19. Pourquoi les deux enfants étaient-ils tristes? **Parce que le poney avait été vendu et qu'il allait partir bientôt.**

20. Pourquoi Fidor a-t-il demandé à son compagnon de devenir son ami? **Parce qu'il y a tellement de souffrances à endurer (ou parce que la vie n'est pas facile).**

Solution à l'exercice de lecture 4 : *Les trois vieillards*

1. Le bateau sur lequel voyageait l'archevêque était en route vers...
   a) le marché de Solovki.
   b) l'archevêché.
   c) **un monastère.**

2. De qui parlait le petit paysan aux gens qui s'étaient regroupés autour de lui? **Il parlait des vieillards (qui vivaient sur un îlot près de l'endroit où le bateau passait).**

3. Comment le pêcheur a-t-il rencontré les vieillards? **Lors d'une tempête, d'un naufrage qui l'avait jeté sur l'île.**

4. Les trois vieillards habitaient…
   a) une caverne.
   b) **une petite hutte.**
   c) une maison faite en pierre.

5. Quelle fut la réaction des vieillards quand ils aperçurent le pêcheur sur leur îlot? **Ils lui donnèrent à manger, firent sécher ses vêtements et l'aidèrent à réparer son bateau.**

6. Donnez quelques caractéristiques physiques des vieillards. **Très vieux, longues barbes, déguenillés, l'un était presque nu; ils parlaient très peu.**

7. Quel était le nom de l'îlot où demeuraient les trois vieillards?
   a) Île des Vieillards.
   b) Île du Pêcheur.
   c) **L'île n'a pas de nom.**

8. Que demanda l'archevêque au commandant du bateau? **Il lui dit de s'arrêter dans cet îlot.**

9. Que pensait le commandant de ces vieillards? **Le commandant pensait qu'ils étaient stupides, qu'ils ne comprenaient rien, qu'ils étaient muets comme des carpes.**

10. Le commandant accompagna l'archevêque sur l'îlot. Vrai ou faux? **Faux.**

11. Que se passa-t-il lorsque le prélat vint les rencontrer?
    a) **Les vieillards firent un salut profond et le prélat les bénit.**
    b) Ils s'agitaient, gesticulaient et pleuraient.
    c) Ils se sauvèrent et se cachèrent.

12. Quel projet l'archevêque entreprit-il avec les vieillards? **L'archevêque décida de les instruire et de leur enseigner le *Pater*.**

13. Combien de temps lui fallut-il pour mener à bien sa tâche? **Toute la journée.**

14. En quittant les vieillards, l'archevêque…
    a) **pouvait les entendre qui récitaient à haute voix.**
    b) pensait qu'ils n'oublieraient jamais cette prière.
    c) prononçait en même temps qu'eux les paroles du *Pater*.

15. À mesure que le bateau s'éloignait de l'île, les passagers…
    a) s'empressèrent de demander à l'archevêque de leur raconter ce qui s'était passé.
    b) **commençaient à s'endormir.**
    c) regardaient la mer du côté où l'îlot avait disparu.

16. Décrivez comment les trois vieillards paraissaient se déplacer sur l'eau. **Ils semblaient marcher, courir, se déplacer comme des piétons ou glisser sans bouger les pieds.**

17. Pourquoi désiraient-ils parler de nouveau à l'archevêque? **Parce qu'ils avaient oublié leur prière.**

18. Quel conseil l'archevêque leur avait-il donné? **De continuer leurs anciennes façons de prier (ou de prier pour eux, pauvres pécheurs).**

19. Quels étaient les mots de la prière originale des trois vieillards? **Nous sommes trois, vous êtes trois, ayez pitié de nous.**

20. Qu'y a-t-il de particulier sur la mer après le départ des vieillards? **Jusqu'à l'aube, il y eut une lueur sur la mer, du côté où les vieillards avaient disparu.**

Solution à l'exercice de lecture 5 :
Manuscrit trouvé dans une bouteille

1. Au début du voyage, le narrateur fit quelques observations qui attirèrent un moment son attention. Nommez-en une. **Un nuage très particulier, la lune d'un aspect rouge-brun, la très grande limpidité de l'eau malgré la profondeur.**

2. Que décida de faire la capitaine afin que le bateau cesse de dériver ? **Il jeta l'ancre.**

3. Où l'équipage dormait-il ? **Sur le pont.**

4. Qui était le seul autre survivant, à part le narrateur ? **Un vieux Suédois.**

5. Quelle partie du bateau fut très endommagée ? **L'arrière (la charpente arrière).**

6. Après cinq jours à dériver dans la tempête, quelle tournure prit la température ? **Il commença à faire un froid extrême.**

7. Quel phénomène attira alors la terreur superstitieuse du vieux Suédois ? **Le jour ne se levait plus, la noirceur, etc.**

8. Vers quelle partie du globe le navire dérivait-il ? **Vers le pôle Sud.**

9. Quelle apparition soudaine remplit les deux hommes de terreur ? **Un navire immense, sur le haut de la vague, et qui allait venir les heurter dans quelques instants.**

10. Quelle fin surprenante attend le narrateur ? **Il est projeté sur l'immense navire qui vient de les frapper.**

Table des matières

Première partie

Deuxième partie

Chapitre 4

Les exercices pour les yeux

Troisième partie

Chapitre 5

Quelques stratégies de lecture

Chapitre 6

Comment gérer l'information écrite au travail?

Quatrième partie

Annexes
Exercices de lecture

Corrigé